Jayant Bhardwaj

Schematy fuzji obrazów medycznych w oparciu o transformację fali

Jayant Bhardwaj

Schematy fuzji obrazów medycznych w oparciu o transformację fali

(Wavelet Transform)

Wydawnictwo Bezkresy Wiedzy

Cover image: www.ingimage.com

Publisher:
Wydawnictwo Bezkresy Wiedzy
is a trademark of
International Book Market Service Ltd., member of OmniScriptum Publishing Group
17 Meldrum Street, Beau Bassin 71504, Mauritius

Printed at: see last page
ISBN: 978-620-2-44712-6

Schematy fuzji obrazów medycznych w oparciu o transformację fali

Schematy fuzji obrazów medycznych opartych na transformacji falowej

Jayant Bhardwaj, ***MIEEE***

Asystent profesora (ECE), Bhagwan Parshuram Institute of Technology, Delhi, Indie.

Korespondujący Auter*: jayantbhardwaj@ieee.org

Podziękowanie

Jestem serdecznie wdzięczny moim rodzicom za to, że Satya Narayan Bhardwaj i Kamla Devi darzyli ich miłością. Jestem również wdzięczny mojej kochającej żonie Priyance i moim dzieciom Priyanshi, Nitya i Keshav za ich wsparcie.

Spis treści

1. Wprowadzenie do fuzji obrazów medycznych

1.1 Fuzja obrazów

Image Fusion (fuzja obrazów) jest techniką przetwarzania sygnałów, w której należy pozyskać informacje uzupełniające i usunąć redundancję z obrazów medycznych w celu uzyskania wszystkich istotnych informacji w jednym (hybrydowym) obrazie [1]. Motywacją jest uzyskanie informacji o wyższej jakości. Fuzja obrazów poprawia interpretację i rozpoznawanie danych poprzez wykorzystanie multimodalnych obserwacji obrazu. Skondensowany obraz ma dalsze zastosowania ekstrakcji cech, obliczeń statystycznych, identyfikacji obiektów itp. Fuzja obrazów na poziomie cech wymaga identyfikacji i ekstrakcji istotnych informacji o obrazie wejściowym oraz ich przeniesienia na obraz wyjściowy, który został stopiony. Tomografia komputerowa (TK) i obrazowanie rezonansem magnetycznym (MRI) są podstawą współczesnej radiologicznej nauki. Dla tych multimodalnych obrazów medycznych zaproponowano tutaj schemat syntezy obrazów w wielu skalach na poziomie cech. Ponieważ większość informacji sygnałowych jest przenoszona przez nieregularne struktury i zjawiska przejściowe, fuzja krawędzi jest ważną częścią przetwarzania obrazów medycznych. Dostępne są różne metody fuzji obrazów z wykorzystaniem techniki falkowej. Domena transformacji fali podnoszącej, która jest analizą wielorozdzielczą, pozwala na identyfikację i utrwalenie cech obrazu. Wytwarza on duże współczynniki przy krawędziach, ujawniając tym samym istotne informacje.

1.2 Badanie literatury

Technika przetwarzania obrazu, taka jak fuzja obrazów, stała się ważnym i nieuniknionym zagadnieniem w dziedzinie obrazowania i diagnostyki medycznej[1]. Jego rola stała się dominująca zwłaszcza w przypadku szarych obrazów medycznych, które na ogół są mało informacyjne w porównaniu z kolorowymi obrazami medycznymi. W takich szarych obrazach medycznych bardzo trudno jest zidentyfikować obszar zainteresowania (ROI) jak plamy, granice, rogi i krawędzie. W ostatnich latach zaproponowano kilka schematów syntezy multiskalowej (MSD) opartych na różnych zasadach syntezy[2].Najczęściej takie popularne schematy MSD oparte są na transformacjach falowych i innych transformacjach, takich jak krzywa, wiązka i kontratak itd.[1]-[4]. We wszystkich takich schematach fuzji pierwszym procesem jest dekompozycja obrazu, która jest podstawowym krokiem generującym współczynniki wysokiej i niskiej częstotliwości, które są głównym źródłem informacji.

Drugą częścią takich schematów fuzji są algorytmy fuzji, które określają jak różne współczynniki z różnych obrazów mają być łączone lub mieszane [1]-[5]. Bardzo niedawno w pracy Chai et al.[1], schemat fuzji został użyty przy użyciu falki Quaternion i wielu cech. Reguła fuzyjna wybrana dla współczynników falowych jest średnią ważoną, a dla współczynników niskiej i wysokiej częstotliwości - wyborem max. Bhateja i inni[3] zaproponowali wieloetapowe kaskadowe podejście stacjonarnej transformaty falistej (SWT) z transformacją konturową wraz z Zasadniczą Analizą Składników (PCA) i regułą maksymalnej syntezy. Singh i Khare[4] wykorzystali metodę Daubechies Complex Transform (DxCWT) do dekompozycji obrazu i wdrożyli regułę fuzji zgodnie z wyborem większej wielkości współczynników fali. Majumdar i Bhardwaj[6] oraz Kor i in.[7] zaproponowali, aby w oparciu o metodę LWT (Lifting Fallet Transform) dekompozycję obrazu wraz z kryteriami maksymalnych modułów fali jako regułę fuzji. Bhardwaj i Nayak zaproponowali również ten sam schemat dla obrazów o wysokiej wrażliwości na zakłócenia, takich jak ultradźwięki i stomatologia[9],[20].

****

2. Transformacja falowa

2.1 Transformacja Fouriera: *Przegląd*

Transformacja Fouriera jest reprezentacją funkcji w dziedzinie częstotliwości. Transformacja ta zawiera dokładnie te same informacje, co oryginalna funkcja; różnią się one jedynie sposobem prezentacji informacji[8].

Transformacja Fouriera jest podana przez

Naprzód FT: $$X(f)=\int_{-\infty}^{\infty} x(t)e^{-j2\pi ft}\, dt \qquad (2.1)$$

Odwróć FT: $$X(t)= \int_{-\infty}^{\infty} X(f)e^{+j2\pi ft}\, df \qquad (2.2)$$

X(t) jest funkcją ciągłą w czasie, a X(f) jest odpowiadającą jej transformatą Fouriera, która jest funkcją ciągłą w częstotliwości. Wzór ten stosuje się głównie do funkcji z ograniczoną energią, tzn. X(t) powinien być sygnałem energetycznym spełniającym następujący warunek.

$$\int_{-\infty}^{\infty} |x(t)|^2\, dt < \infty \qquad (2.3)$$

Transformacja Fouriera jest używana głównie do teoretycznej analizy i projektowania sygnałów ciągłych i systemów. W przypadku ciągłych funkcji okresowych, funkcje te nie mają skończonej energii. Jeżeli X(t) jest okresowe z okresem T i częstotliwością podstawową f_0 =1/T, x(t) = x (t+T) dla wszystkich t i jeżeli ma skończoną moc, to funkcja okresowa może być wyrażona jako liniowe połączenie harmonicznie powiązanych funkcji sinusoidalnych. Para równań, która definiuje serię Fouriera(FS) funkcji okresowej, jest określona przez

Do przodu FS: $$Ck = 1/T \int_{-\frac{T}{2}}^{\frac{T}{2}} x(t)e^{-j2\pi kf_0}dt \qquad (2.4)$$

Odwróć FS: $$x(t) = \sum_{k=-\infty}^{\infty} c_k\ e^{+j2\pi kf_0} \qquad (2.5)$$

gdzie c_k s są czterocyfrowymi współczynnikami x(t). Warunek posiadania skończonej mocy dla funkcji okresowej *x*(*t*) jest określony przez następujący zakres.

$$1/T \int_{-T/2}^{T/2} |x(t)|^2 \, dt < \infty \quad (2.6)$$

Transformacja ta przekształca ciągłą funkcję okresową w sekwencję złożonych liczb. Ogólnie rzecz biorąc, ta sekwencja jest nieskończona. W większości praktycznych przypadków tylko ograniczona liczba *ck*'s ma istotne wartości[8]. Transformacja ta jest również stosowana w wielu dziedzinach matematyki stosowanej, takich jak rozwiązywanie częściowych równań różniczkowych. Postępy w dziedzinie komputerów i technologii cyfrowej zaowocowały zaprojektowaniem sygnałów i systemów dyskretnych oraz modyfikacjami w transformatorze Fouriera.

Przekształcenie Fouriera, które jest stosowane do sekwencji dyskretnych i nazywane dyskretnym czasem Przekształcenie Fouriera (DTFT) jest definiowane przez następującą parę równań.

Do przodu DTFT: $$X(e^{j2\pi f}) = \sum_{n=-\infty}^{\infty} x[n]e^{-j2\pi nf} \quad (2.7)$$

Odwróć DTFT: $$x[n] = \int_{-\pi}^{\pi} X(e^{j2\pi f})e^{+j2\pi nf} df \quad (2.8)$$

Gdzie x[n] jest funkcją dyskretną i $X(e^{j2\pi f})$ jest jego odpowiednią transformacją Fouriera. Funkcja transformacji jest ciągła i okresowa w dziedzinie częstotliwości, z okresem 2π . W tym sformułowaniu, zmienna częstotliwości, F , jest znormalizowana przez częstotliwość próbkowania Fs . Innymi słowy, jeśli F_a jest rzeczywistą częstotliwością w Hz, $F = Fa/ Fs$ jest częstotliwością znormalizowaną . Transformacja ta jest powszechnie stosowana do analizy sygnałów i układów dyskretnych[8].

Obliczenia DTFT za pomocą komputera mogą być przeprowadzone tylko dla skończonych sekwencji i dla dyskretnych próbek $X\ (e^{j2\pi f})$ w dziedzinie częstotliwości. Te wymagania i ograniczenia prowadzą do innego sformułowania transformacji Fouriera, która jest zdefiniowana dla okresowych funkcji dyskretnych. Niech $x[n]$ będzie ciągiem periodycznym z okresem N ; tzn. $x[n] = x[n + N]$ dla wszystkich n 's, para relacji transformacji Fouriera, zwana dyskretną transformacją Fouriera (DFT), dla $x[n]$, jest określona przez

Naprzód DFT: $$X[k] = \sum_{n=0}^{N-1} x[n]e^{-j2\pi nk/N} \quad \text{dla } k = 0,1,2,\ldots,N-1 \quad (2.9)$$

Odwrotne DFT: $$x[n] = 1/N \sum_{n=0}^{N-1} X[k]e^{+j2\pi nk/N} \quad \text{dla } n = 0,1,2,\ldots,N-1 \quad (2.10)$$

Gdzie $x[n]$ i jego DFT, $X[k]$, są okresowe z tym samym okresem N . Choć inny

Sformułowania transformacji Fouriera mają rzeczywiste zastosowanie w analizie sygnałów i systemów, ale tylko relacje DFT są praktycznie wykorzystywane w obliczeniach rzeczywistych. Niektóre z zastosowań DFT w przetwarzaniu sygnału to estymacja widmowa, ekstrakcja cech i filtrowanie w dziedzinie częstotliwości. Ze względu na postęp w zakresie szybkich algorytmów obliczeniowych dla DFT, znanych jako szybka transformata Fouriera (FFT), oraz szybką implementację sprzętową, podejście to jest wykorzystywane do cyfrowego przetwarzania sygnału w czasie rzeczywistym (DSP). Ale DFT ma ograniczenia wydajności dla różnych aplikacji. Niech $x[n]$ dla $n = 0,1,2,....,N-1$ będzie ciągiem liczb rzeczywistych uzyskanych z próbkowania analogowego sygnału czasowego z okresem próbkowania T sekund. Rzeczywisty

Czas trwania tego sygnału jest więc równy $T0=NT$ sekund. Przy obliczaniu DFT tej sekwencji, wynikowa sekwencja, $X[k]$, jest na ogół złożoną sekwencją w dziedzinie częstotliwości. Rzeczywista odległość pomiędzy częstotliwościami związanymi z dwoma kolejnymi próbkami $X[k]$ wynosi $1/NT$ Hertz (Hz). Ze względu na właściwości symetryczne $X[k]$ i ograniczenia próbkowania, środek sekwencji $X[k]$ odpowiada maksymalnej częstotliwości sygnału.

Ta częstotliwość jest $F_{maks.} = \left(\frac{N}{2}\right) \cdot \left(\frac{1}{NT}\right) = 1/2T$ Hz, który jest określony przez okres pobierania próbek T. Rozdzielczość DFT jest ustalona na poziomie $\Delta F = 1/NT = 1/T0$ Hz i jest zależna od czasu trwania oryginalnego sygnału analogowego. Zwiększenie liczby próbek poprzez skrócenie okresu próbkowania nie zmienia całkowitej rozdzielczości.Jednym z głównych założeń przy wykorzystaniu DFT do obliczeń widma sygnału dyskretnego jest to, że obserwowany sygnał jest nieruchomy w czasie obserwacji $T0$. Dla większości praktycznych sygnałów, to założenie nie jest zasadne. W tym przypadku i innych

W podobnych przypadkach, transformacja Fouriera jest modyfikowana w taki sposób, że otrzymuje się dwuwymiarową reprezentację częstotliwości czasowej sygnału. Zmodyfikowana transformacja Fouriera, określana jako krótkotrwała lub zależna od czasu transformacja Fouriera, zależy od funkcji okna. Dla sygnałów dyskretnych, transformacja ta, nazywana dyskretnym krótkim czasemPrzekształcenie Fouriera (DSTFT) jest otrzymywana za pomocą funkcji okna, $g[l]$, gdzie

$$g[l] \neq 0 \text{ dla } 0 \leq l \leq L-1 \tag{2.11}$$

$$g[l] = 0 \text{ dla } l < 0 \text{ lub } l \geq L \tag{2.12}$$

Wynikająca z tego transformata Fouriera w tym przypadku zapewnia oszacowanie chwilowego spektrum częstotliwości sygnału w dowolnym momencie. Okno $g[l]$ ma pochodzenie stacjonarne, a gdy *n się* zmienia, sygnał przesuwa się obok okna, tak że przy każdej wartości *n* oglądana jest inna część sygnału[8].

Głównym celem okna w zależnym od czasu przekształceniu Fouriera jest ograniczenie zakresu przekształconej sekwencji tak, aby charakterystyki spektralne były w miarę stałe w czasie trwania funkcji okna. Im szybciej zmienia się charakterystyka sygnału, tym krótsze powinno być okno. Rozdzielczość w częstotliwości zależy od czasu trwania funkcji okna. W indywidualnym przypadku i dla okna jednorodnego rzeczywista rozdzielczość częstotliwości, w odniesieniu do okresu pobierania próbek T, jest równa $\Delta f = 1/LT$, która jest odwrotnością rzeczywistej wielkości okna. Ogólnie rzecz biorąc, rozdzielczość DSTFT może być związana z szerokością pasma sekwencji okien[8] . Stosując RMS (Root-Mean Square) jako miarę szerokości pasma, rozdzielczość wynosi

$$\Delta f = \left(\sum_{k=0}^{N-1} k^2 |G[k]|^2 / \sum_{k=0}^{N-1} G|[k]|^2\right)^{1/2} \qquad (2.13)$$

Gdzie G[k] uzyskuje się poprzez obliczenie DFT sekwencji okien w następujący sposób.

$$G[k]=\sum_n g[n]e^{-\frac{j2\pi nk}{N}}; \text{ dla } k=0,1,2,\ldots, N-1 \qquad (2.14)$$

W tym podejściu, dwie sinusoidy będą dyskryminowane tylko wtedy, gdy są więcej niż Δf poza tym. Podobnie, rozpiętość w czasie jest podawana przez Δjak

$$\Delta t=\left(\sum_n n^2 |g[n]|^2 / \sum_n |g[n]|^2\right)^{1/2} \qquad (2.15)$$

Parametr ten wskazuje rozdzielczość w czasie. Innymi słowy, dwa impulsy w czasie mogą być dyskryminowane tylko wtedy, gdy są więcej niż Δt oddzielnie. W miarę jak okno staje się krótsze, zmniejsza się rozdzielczość częstotliwości. Z drugiej strony, wraz ze zmniejszaniem się długości okna, zwiększa się zdolność do rozwiązywania zmian wraz z upływem czasu. W konsekwencji, wybór długości okna staje się kompromisem pomiędzy rozdzielczością częstotliwości a rozdzielczością czasową. Rozdzielczość w czasie i częstotliwości nie może być arbitralnie mała, ponieważ ich produkt jest mniej ograniczony [8].

Szerokość pasma czasowego Produkt , $\Delta t \, \Delta f \geq 1/4\pi$ (2.16)

Nazywa się to zasadą niepewności, czyli nierównością Heisenberga. Ogólnie rzecz biorąc, w przypadku DSTFT, po podjęciu decyzji o funkcji okna, częstotliwość i rozdzielczość czasowa są stałe dla wszystkich częstotliwości i wszystkich czasów odpowiednio.To podejście nie pozwala na jakiekolwiek zmiany rozdzielczości pod względem czasu lub częstotliwości[8].

2.2 Transformacja falowa

Transformacja falowa może być zdefiniowana dla różnych klas funkcji. Intencją tej transformacji jest usunięcie niektórych niedociągnięć STFT. Zamiast ustalać czas i rozdzielczość częstotliwości Δt i Δf, można pozwolić, aby obie rozdzielczości różniły się w płaszczyźnie czasowo-częstotliwościowej w celu uzyskania analizy wielorozdzielczości[7][8]. Zmiana ta może być przeprowadzona bez naruszania nierówności Heisenberga. W tym przypadku rozdzielczość czasowa musi wzrastać wraz ze wzrostem częstotliwości, a rozdzielczość częstotliwościowa musi wzrastać wraz ze spadkiem częstotliwości. Można to uzyskać poprzez ustalenie proporcji Δf ponad f, aby była równa stałej c [8], *tj.* $\Delta f/f = c$.

2.3 Zalety transformacji falkowej nad transformacją Fouriera

Transformacja Fouriera ma swoje ograniczenia. Na przykład, transformacja ta nie może być stosowana do sygnałów niestacjonarnych. Chociaż zmodyfikowana wersja transformaty Fouriera, określana jako krótka czasowa (lub zmienna czasowa) transformacja Fouriera może rozwiązać niektóre problemy związane z sygnałami niestacjonarnymi, nie rozwiązuje jednak wszystkich problemów. Transformacja falkowa jest stosowana do niestacjonarnych sygnałów do analizy i przetwarzania i stanowi alternatywę dla krótkotrwałej transformaty Fouriera (STFT). W przeciwieństwie do STFT, który wykorzystuje jedno okno analizy, transformacja falkowa wykorzystuje krótkie okna przy wysokich częstotliwościach i długie okna przy niskich częstotliwościach [8].

2.4 Transformacja fal ciągłych (CWT)

CWT lub ciągła czasowa transformacja f(t) w odniesieniu do f(t) w odniesieniu do fali ψt) definiuje się jako

$$W(a,b)=\int_{-\infty}^{+\infty} f(t) \frac{1}{\sqrt{|a|}} \psi^*\left(\frac{t-b}{a}\right)dt \quad (2.17)$$

Gdzie a i b są prawdziwe i * Transformacja falkowa jest więc funkcją dwóch zmiennych. Zmienna a jest nazywana zmienną dylatacyjną, natomiast zmienna b jest nazywana zmienną translacyjną .

Fala macierzysta powinna posiadać następujące właściwości[3].

1. Funkcja integruje się do zera.

$$\int_{-\infty}^{+\infty} \Psi(t)dt = 0 \qquad (2.18)$$

2. Jest ona kwadratowa integrowalna lub ma skończoną energię.

$$\int_{-\infty}^{+\infty} | \Psi(t)|2\, dt < \infty \qquad (2.19)$$

2.5 Dyskretna Transformacja Fali (DWT - Discrete Wavelet Transform)

Jest to rodzaj nie nadmiarowej reprezentacji falkowej[3].

$$f(t) = \sum_{k=-\infty}^{\infty} \sum_{l=-\infty}^{\infty} d(k,l) 2^{-k/2}\, \psi\,(2\text{-}k\, t\text{-}\, l\,) \qquad (2.20)$$

Równanie (2.19) używa dyskretnych wartości dla parametrów dylatacji i translacji. Dylatacja przyjmuje wartości w postaci a = 2k, gdzie k jest liczbą całkowitą. Przy dowolnej dylatacji 2k, parametr tłumaczenia przyjmuje wartości w postaci 2k l gdzie l jest znowu liczbą całkowitą. Wartości d(k, l) odnoszą się do wartości transformacji falkowej W(a,b) = W[f(t)] przy a = 2k i b = 2k l Odpowiada to próbkowaniu współrzędnych (a,b) na siatce. Dwuwymiarowa sekwencja d(k), l) określa się jako falistą transformatę dyskretną (DWT) f(t) [3].

Poniżej przedstawiono ogólny schemat blokowy transformacji falkowej lub podzakresowej [3]. Transformacja naprzód wykorzystuje dwa filtry analityczne $\tilde{h}$(low pass) i $\tilde{g}$(pasmo przenoszenia), po którym następuje podpróbkowanie, podczas gdy próbka odwrotna przekształca najpierw upsample, a następnie wykorzystuje dwa filtry syntezy h(Niski poziom Przepustka) oraz g (high-pass) [5].

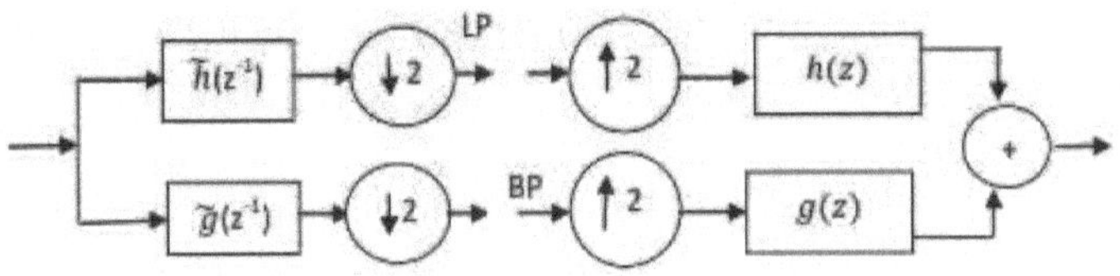

Rysunek 2.1: Dyskretna fala Transformacja

Wszystkie te filtry są uważane za filtry FIR. Warunkiem doskonałej rekonstrukcji są

$$h(z)\tilde{h}(z^{-1}) + g(z)\tilde{g}(z^{-1}) = 2 \qquad (2.21)$$

$$h(z)\tilde{h}(-z^{-1}) + g(z)\tilde{g}(-z^{-1}) = 0 \qquad (2.22)$$

Matryca modulacji M(z) jest zdefiniowana w następujący sposób

$$M(z) = \begin{bmatrix} h(z) & h(-z) \\ g(z) & g(-z) \end{bmatrix} \qquad (2.23)$$

Podobnie matryca podwójnej modulacji $\tilde{M}(z)$ można zdefiniować.warunek doskonałej rekonstrukcji można teraz zapisać jako

$$\tilde{M}(z^{-1})^t M(z) = 2I \qquad (2.24)$$

Gdzie I jest matryca tożsamości 2x2

Reprezentacja polifazowa filtra h jest podana przez

$$h(z) = h_e(z^2) + z^{-1}h_o(z^2) \qquad (2.25)$$

gdzie zawiera współczynniki parzyste, a $_{ho}$ zawiera współczynniki nieparzyste

$$h_e(z) = \textstyle\sum_k h_{2k} z^{-k} \text{ oraz } h_o(z) = \sum_k h_{2k+1} z^{-k} \qquad (2.26)$$

$$h_e(z^2) = \frac{h(z)+h(-z)}{2} \text{ oraz } h_0(z^2) = \frac{h(z)-h(-z)}{2z^{-1}} \qquad (2.27)$$

Złożyć matrycę polifazową jako

$$P(z) = \begin{bmatrix} h_e(z) & g_e(z) \\ h_0(z) & g_o(z) \end{bmatrix} \qquad (2.28)$$

$$P(z^2)^t = 1/2\, M(z) \begin{bmatrix} 1 & z \\ 1 & -z \end{bmatrix} \qquad (2.29)$$

Doskonałą nieruchomość odtworzeniową daje

$$P(z)\tilde{P}(z^{-1})^t = I \qquad (2.30)$$

Transformacja falkowa wykonuje subpróbkowanie próbek parzystych i nieparzystych. Transformacja ta nazywana jest transformacją polifazową, ale w kontekście podnoszenia jest ona często określana jako leniwa transformacja falkowa [5].

2.6 Rodziny faliste

W rodzinie wavelet jest wielu członków, kilku z nich jest na ogół bardziej użytecznych. Haar wavelet jest jedną z najstarszych i najprostszych falotek. Dlatego każda dyskusja o falach zaczyna się od falochronu Haar. Fale Daubechies są najbardziej popularnymi falbankami. Stanowią one podstawę przetwarzania sygnału falowego i są wykorzystywane w wielu zastosowaniach. Haar, Daubechies, Symlets i Coiflets to kompaktowo wsparte fale ortogonalne. Te fale wraz z falami Meyera są zdolne do doskonałej rekonstrukcji. Fale Meyera, Morleta i Mexican Hat mają symetryczny kształt. Fale są wybierane na podstawie ich kształtu i zdolności do analizy sygnału w konkretnej aplikacji. Fala Haar jest nieciągła i przypomina funkcję kroku[3][9].

2.7 Haar Wavelet

Fala Haar to pewna sekwencja funkcji. Obecnie jest uznawana za pierwszą znaną falę. Haar użył tych funkcji, aby dać przykład policzalnego systemu ortodontycznego dla przestrzeni kwadratowych funkcji integrowalnych na linii rzeczywistej. Nauka o falach, a nawet określenie "fala", pojawiło się dopiero znacznie później[3].

Haar wavelet jest również najprostszą z możliwych falą. Techniczną wadą falochronu Haar jest to, że nie jest on ciągły, a zatem nie można go różnicować[9].

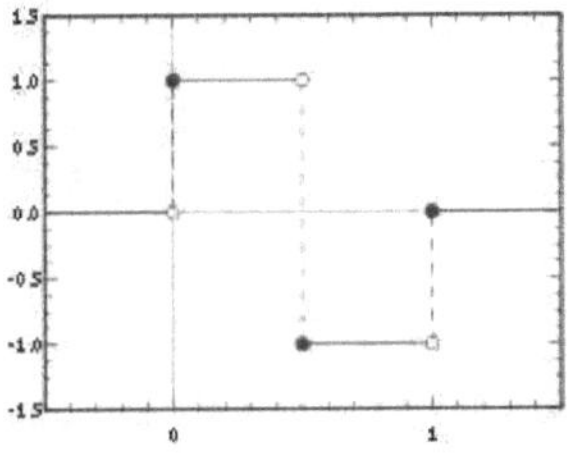

Rys. 2.2 Fala haarska

Funkcję głównego falowodu Haar'a $\psi(t)$ można opisać jako

$$\psi(t) = \begin{cases} 1 & 0 \leq t < 1/2, \\ -1 & 1/2 \leq t < 1, \\ 0 & \text{otherwise.} \end{cases} \quad (2.31)$$

i jego funkcja skalowania $\varphi(t)$ może być opisany jako

$$\phi(t) = \begin{cases} 1 & 0 \leq t < 1, \\ 0 & \text{otherwise.} \end{cases} \tag{2.32}$$

fale są funkcjami matematycznymi, które zostały opracowane przez naukowców pracujących w kilku różnych dziedzinach w celu sortowania danych według częstotliwości. Przetłumaczone dane mogą być następnie sortowane w rozdzielczości odpowiadającej ich skali [10].

Fala Haar operuje na danych poprzez obliczanie sum i różnic pomiędzy sąsiednimi elementami. Transformacja Haar jest obliczana przy użyciu:

$$\frac{1}{\sqrt{2}}\begin{bmatrix} 1 & 1 \\ 1 & -1 \end{bmatrix} \tag{2.33}$$

2.8 Fale Daubechies

Daubechie to kompaktowo wsparte fale ortofoniczne, które znalazły zastosowanie w DWT. Jego rodzina ma w nim dziewięciu członków [3][7].

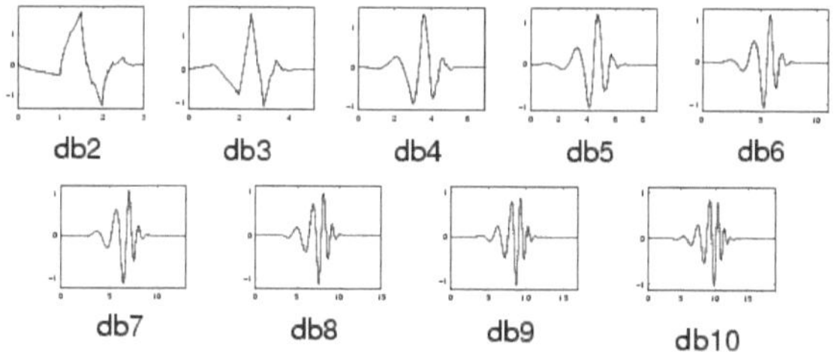

Rys. 2.3: Fale Daubechies

2.9 Analiza wielorozdzielcza

Analiza wielorozdzielcza rozkłada sygnał na wygładzoną wersję sygnału oryginalnego i zestaw informacji szczegółowych w różnych skalach[3]. Ten rodzaj rozkładu najłatwiej jest zrozumieć poprzez myślenie o obrazie (który jest sygnałem dwuwymiarowym). Usuwamy z obrazu informacje wyróżniające najostrzejsze krawędzie, pozostawiając nowy obraz, który jest lekko zamazany. Ta rozmyta wersja oryginalnego obrazu jest renderingiem w nieco grubszej skali. Następnie powtarzamy procedurę. Za każdym razem otrzymujemy pewne szczegółowe informacje i coraz bardziej rozmytą (lub wygładzoną) wersję oryginalnego obrazu. Usunięcie informacji o szczegółach odpowiada filtrowaniu pasmowemu, a wygładzenie obrazu odpowiada filtrowaniu dolnoprzepustowemu. Biorąc pod uwagę rozkład, możemy zrekonstruować oryginalny obraz. Po zdekomponowaniu sygnału w ten sposób, możemy analizować zachowanie informacji szczegółowych w różnych skalach. Możemy wydobyć regularność osobliwości, która charakteryzuje zachowanie sygnału w tym momencie. Zapewnia to skuteczny środek wykrywania krawędzi. Co więcej, szumy mają specyficzne zachowanie w różnych skalach, dlatego też w wielu przypadkach możemy oddzielić sygnał od szumu. Rekonstrukcja daje wtedy stosunkowo dokładne przybliżenie bezszumowe oryginalnego sygnału[9][10].

Transformacja falkowa określa dekompozycję wielorozdzielczą, przy czym falka definiuje filtr pasmowo-przepustowy, który określa informacje szczegółowe. Związana z falą jest funkcja wygładzania, która definiuje uzupełniający filtr dolnoprzepustowy. Warunki, które zostaną opisane w dalszej części, zapewniają, że zestaw składający się z informacji szczegółowych na wszystkich skalach i wygładzonych wersji oryginalnego sygnału nie zawiera zbędnych informacji. Zamiast zdolności transformacji falkowej do lokalizacji w czasie oraz zdolności do określenia analizy wielorozdzielczości, zidentyfikowano wiele potencjalnych obszarów zastosowań. Obejmują one charakterystykę krawędzi, redukcję szumów, kompresję danych i kodowanie podzakresowe. Aby przeanalizować niestacjonarny sygnał, musimy określić jego zachowanie przy każdym indywidualnym zdarzeniu. Analiza wielorozdzielczości zapewnia jeden ze sposobów, aby to zrobić.

Analiza wielorozdzielcza analizuje sygnał o różnych częstotliwościach i różnej rozdzielczości. Ale każda składowa spektralna nie jest rozwiązana tak samo jak w STFT. MRA daje dobrą rozdzielczość czasową i niską rozdzielczość częstotliwościową przy wysokich częstotliwościach oraz dobrą rozdzielczość częstotliwościową i niską rozdzielczość czasową przy niskich częstotliwościach. Podejście to jest pomocne, gdy sygnał w zasięgu ręki ma składowe wysokiej częstotliwości dla krótkich czasów trwania, a składowe niskiej częstotliwości dla długich czasów trwania[9].

Rozłożyć dany sygnał w zagnieżdżonej strukturze podprzestrzennej, pozostaje do rozwiązania kwestia relacji pomiędzy skalowaniem i funkcją falkową z ich współczynnikami filtracji. Aby rozwiązać tę kwestię, musi ona rozwiązać równania doskonalenia (dylatacji) podane przez

$$\varphi(x) = \sum_{-\infty}^{\infty} h_k 2^{1/2} \varphi(2x-k) \quad (2.34)$$

$$\Psi(x) = \sum_{-\infty}^{\infty} g_k 2^{1/2} \varphi(2x-k) \quad (2.35)$$

Jest w stanie użyć struktury banku filtrów FIR do określenia zależności pomiędzy współczynnikami filtra a funkcją skalowania (fala oporowa), gdzie stosuje się transformatę Fouriera współczynników filtra.

Zarówno funkcje skalowania, jak i falowania, mogą być zbudowane z transformaty Fouriera filtra analizy dolnoprzepustowej w banku filtrów przy użyciu równań doskonalenia (dylatacji) podanych przez

$$\varphi(x) = \sum_{-\infty}^{\infty} h_k 2^{1/2} \varphi(2x-k) \quad (2.36)$$

$$\Psi(x) = \sum_{-\infty}^{\infty} g_k 2^{1/2} \varphi(2x-k) \quad (2.37)$$

Istnieją dwa podejścia, w obu przypadkach stosuje się kolejne przybliżenia w następujący sposób.

1. Pierwsze podejście (podejście wsteczne) jest następujące. Załóżmy, że podana jest funkcja skalowania, tzn. rozpocznijmy od funkcji skalowania $\varphi(x)$,

2. Użyj równania doskonalenia, w którym funkcja skalowania $\varphi(x)$ jest zapisana jako funkcja jego tłumaczenia w rozdzielczości dwa razy większej niż fine, tj. $\varphi(2x)$ jak podano poniżej.

$$\varphi(x) = \sum_{-\infty}^{\infty} h_k 2^{1/2} \varphi(2x-k) \quad (2.38)$$

$$\varphi(x) = S(\varphi(2x)) \quad (2.39)$$

Gdzie S(.) jest operatorem.

3. Teraz, pod warunkiem, że istnieje rozwiązanie dla równania doskonalenia, funkcja skalowania $\varphi(x)$ może być określona z góry przez iterację przekształcenia liniowego S($\varphi(x)$) i kolejne przybliżenie.

Roztwór w postaci zamkniętej nie wychodzi na zewnątrz $\varphi(x)$, może być rozwiązany w kolejnym przybliżeniu. Na każdym etapie można uzyskać określoną liczbę punktów i wykorzystać ją do uzyskania dodatkowych punktów funkcji ciągłej, $\varphi(x)$ aż do uzyskania wystarczającej liczby punktów. Iteracyjny proces zbiega się w unikalny $\varphi(x)$. Często w przypadku $\varphi(x)$ prostych form, takich jak impuls jednostkowy lub funkcja trójkątna, można je rozwiązać $\varphi(x)$ poprzez określenie współczynników h(k) przekładu i $\varphi(2x-k)$ $\varphi(x)$ można je skonstruować[10].

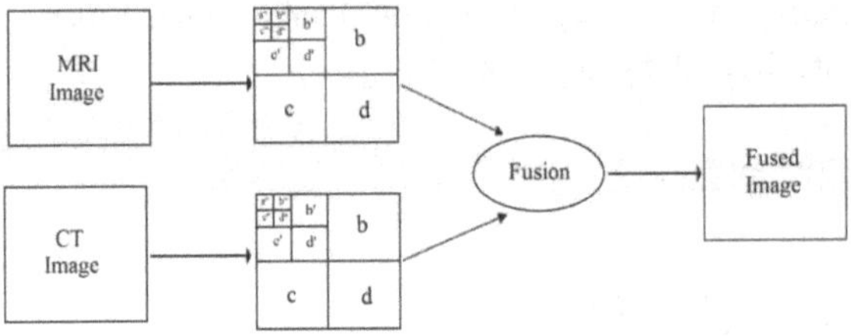

Rys. 2.4: Fuzja obrazów z wykorzystaniem analizy wielorozdzielczości.

2.10 Dekompozycja i rekonstrukcja sygnału

Proces rozkładu

Obraz jest wysoko i nisko filtrowany wzdłuż rzędów. Wyniki każdego z filtrów są próbkowane w dół przez dwa. Dwa podsygnały odpowiadają składnikom wysokiej i niskiej częstotliwości wzdłuż wierszy, z których każdy ma wielkość N przez N/2. Każdy z podsegregałów jest następnie ponownie filtrowany wysoko i nisko-przepustowo, ale teraz wzdłuż danych kolumny i wyniki są ponownie próbkowane w dół o dwa[9].

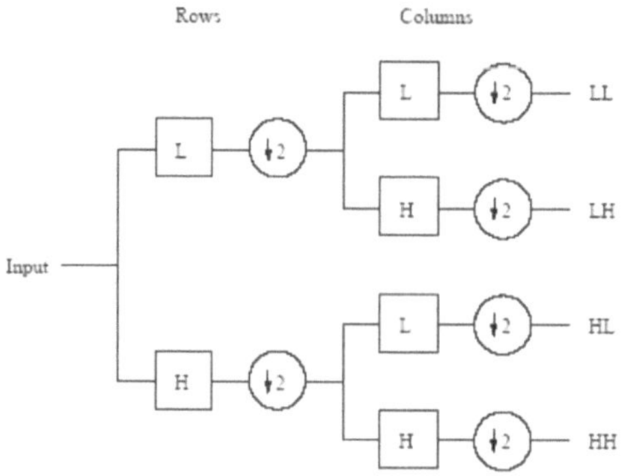

Rys2.5 Dekompozycja sygnału

W związku z tym oryginalne dane są podzielone na cztery podimki, każdy o wielkości N/2 przez N/2 i zawierają informacje z różnych komponentów częstotliwości. Na rysunku 3.15 pokazano mądre przedstawienie etapu rozkładu w bloku.

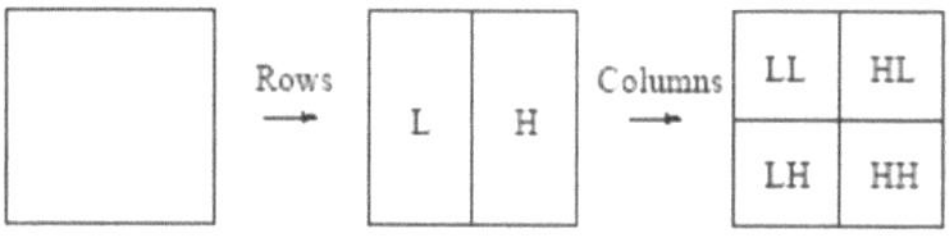

Rys. 2.6: Jeden etap rozkładu DWT

Podzakres LL uzyskany przez filtrowanie dolnoprzepustowe zarówno wierszy jak i kolumn, zawiera zgrubny opis obrazu i stąd nazywany jest podzakresem przybliżonym. Podzakres HH, filtrowany wysokoprzepustowy w obu kierunkach, zawiera elementy wysokiej częstotliwości wzdłuż przekątnych. Obrazy HL i LH wynikają z filtrowania dolnoprzepustowego w jednym kierunku i górnoprzepustowego w drugim. LH zawiera głównie pionowe informacje szczegółowe, które odpowiadają poziomym krawędziom. HL reprezentuje poziome informacje szczegółowe z pionowych krawędzi. Podzakresy HL, LH i HH są nazywane podzakresami szczegółowości, ponieważ dodają one szczegółowość wysokiej częstotliwości do obrazu przybliżonego[7][9].

Proces rekonstrukcji

Cztery podobrazy są pobierane do góry, a następnie filtrowane za pomocą odpowiednich filtrów odwrotnych wzdłuż kolumn. Wynik ostatniego kroku jest sumowany i mamy ponownie oryginalny obraz, bez utraty informacji[7][9].

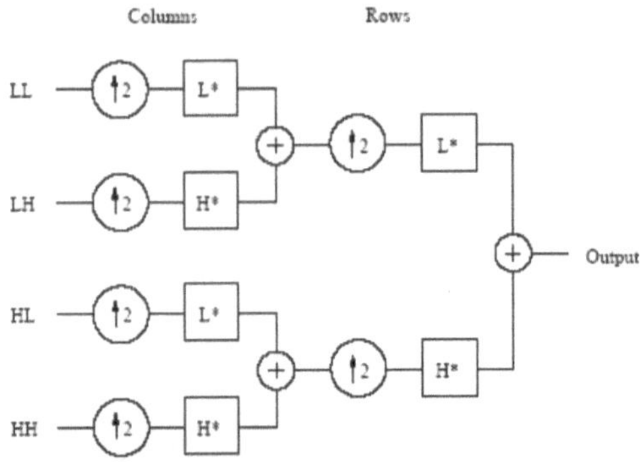

Rys. 2.7 Jeden etap rekultywacji czterech zdjęć cząstkowych

2.11 Właściwości fali

Poniżej opisano różne właściwości transformacji falowej:

1) Regularność

2) Okno dla funkcji jest najmniejszym zestawem przestrzennym (lub czasowym), poza którym funkcja jest identycznie zero.

3) Kolejność wielomianu, która może być przybliżona, jest określona przez liczbę zanikających momentów falowania i jest przydatna do celów kompresji.

4) Symetria filtrów jest nadawana przez symetrię falkową. Pomaga to uniknąć fazowania przetwarzania obrazu. Fala Haar jest jedyną symetryczną falą wśród ortogonalnych. W przypadku fal biorthogonalnych można zsyntetyzować zarówno funkcje falkowe, jak i funkcje skalowania, które są symetryczne lub antysymetryczne.

5) Ortogonalność: Ta właściwość transformacji falkowej oznacza, że odwrotna transformacja falkowa jest przyległą częścią transformacji falkowej przedniej. Warunkiem koniecznym dla ortogonalności falowodów jest, aby sekwencja skalowania była ortogonalna do wszelkich przesunięć

o parzystą liczbę współczynników [7].

6) Długość filtra: W celu zminimalizowania zniekształceń, które wpływają na subiektywną jakość obrazu, pożądane są funkcje skrócenia podstawy syntezy. Dłuższe filtry (odpowiadające dłuższym funkcjom bazowym) są

odpowiedzialne za dzwonienie szumów na odtwarzanym obrazie z niską przepływnością bitową[9].

7) Zanikający porządek jest miarą właściwości zagęszczania falowników. Mówi się, że fala syntezy, gdy jest ortogonalna do funkcji skalowania analizy, ma momenty zanikające. W przypadku falowodów ortogonalnych, funkcja falowodu analitycznego jest taka sama jak funkcja falowodu syntezy. Tak więc zarówno synteza, jak i fale analizy mają ten sam zanikający moment. Jednak w przypadku fali bartogonalnej funkcja fali analitycznej różni $\psi(t)$ się od fali syntezy $\psi(t)$ [9].

Wyższy moment zaniku odpowiada większej dokładności przybliżenia przy danej rozdzielczości. W ten sposób podzakres najniższej częstotliwości dokładniej przechwytuje sygnał wejściowy poprzez koncentrację większego procentu energii obrazu w podzakresie LL[9].

****

3. Transformacja fali podnoszącej (Lifting Wavelet Transform)

Każda dyskretna transformacja falkowa lub dwuzakresowa filtracja podzakresowa z filtrami skończonymi może zostać rozłożona na skończoną sekwencję prostych kroków filtrujących, które nazywamy stopniami podnoszenia, ale które są również nazywane strukturami drabinkowymi. Ten rozkład odpowiada faktoryzacji matrycy polifazowej filtrów falkowych lub podzakresowych na matryce elementarne. Tutaj, budując rozkład z podstawowej filtracji falkowej. Faktoryzacja ta stanowi alternatywę dla faktoryzacji kratowej, z tą różnicą, że może być również stosowana w przypadku bentogonalnym, tj. niejednostkowym. Podobnie jak faktoryzacja kratowa, przedstawiony tu dekompozycja asymptotycznie zmniejsza złożoność obliczeniową transformacji o współczynnik dwa. Ma ona inne zastosowania, takie jak możliwość zdefiniowania transformacji falkowej, która mapuje liczby całkowite na całkowite. Znane są różne techniki konstruowania podstaw falowodów lub uwzględniania istniejących filtrów falowodowych w podstawowych elementach konstrukcyjnych. Jedną z nich jest podnoszenie. Pierwotną motywacją do opracowania liftingu było zbudowanie falowodu drugiej generacji, tzn. falowodu przystosowanego do sytuacji, które nie pozwalają na tłumaczenie i dylatację jak przestrzenie nie euklidesowe. Wszystkie fale pierwszej generacji są tłumaczone i dylatowane na jeden lub kilka podstawowych kształtów; transformata Fouriera jest wtedy kluczowym narzędziem do budowy fali. Konstrukcja wykorzystująca lifting, przeciwnie, jest całkowicie przestrzenna i dlatego idealnie nadaje się do budowy falowców drugiej generacji, gdy techniki Fouriera nie są już dostępne.

Rozważmy sygnał X z $x_k \in \mathbf{R}$.

$$X = (x_k)_{k \in z} \quad (3.1)$$

podzielił ją na dwa zestawy rozdzielające, które nazywane są składnikami polifazowymi :próbki indeksowane parzyste i nieparzyste indeksowane

$$\text{Even} = \quad Xe = (x_{2k})_{k \in z} \quad (3.2)$$

$$\text{Odd} = \quad Xo = (x_{2k+1})_{k \in z} \quad (3.3)$$

Zazwyczaj te dwa zestawy są ze sobą ściśle skorelowane, można więc zbudować dobry predykator **P** dla drugiego zestawu, np. parzysty

$$\mathbf{d} = X0 - P(Xe) \qquad (3.4)$$

Biorąc pod uwagę szczegóły **d** i kurs, możemy natychmiast odzyskać kurs jako

$$\mathbf{X0} = P(Xe)+d \ (3.5)$$

Jeśli **P** jest dobrym prognostykiem, to w przybliżeniu **d** będzie zestawem skąpych; innymi słowy oczekuje się, że entropia pierwszego rzędu będzie mniejsza dla **d** niż dla X0. Łatwy predykator dla nieparzystej próby x2k+1 jest po prostu średnią z dwóch parzystych sąsiadów; współczynnik szczegółowości wynosi wtedy

$$dk=x2k+1-(x2k+x2k+2)/2 \ (3.6)$$

Z tego widać, że jeśli oryginalny sygnał jest lokalnie liniowy, współczynnik szczegółowości wynosi zero.Operacja obliczenia przewidywania i rejestrowania szczegółów nazwiemy podnoszenie krok. Idea ta łączy się naturalnie z falami w następujący sposób. Kroki predykcyjne mogą zająć się niektórymi korelacjami przestrzennymi, ale teraz mamy transformację z (xe,x0) na (xe,d). Separacja częstotliwości jest słaba, ponieważ xe jest uzyskiwana przez zwykłe podpróbkowanie, co powoduje wystąpienie poważnych aliasingów. Aby to skorygować, proponuje się drugi etap podnoszenia, który zastępuje wyrównania z wygładzonymi wartościami **S** przy użyciu operatora aktualizacji **U** zastosowanego do szczegółów :

$$\mathbf{S} = Xe + U(\mathbf{d}) \qquad (3.7)$$

Ponownie ten krok jest trywialnie odwracalny : podany (**S** , **d**) , Xe może być odzyskany jako

$$Xe = S - U(\mathbf{d}) \qquad (3.8)$$

I wtedy **X0** może być odzyskany, jak wyjaśniono wcześniej. Ilustruje to jedną z wbudowanych funkcji podnoszenia. Bez względu na to, jak P i U są wybrane, schemat jest zawsze odwracalny i w ten sposób prowadzi do krytycznie dobranej, doskonałej rekonstrukcji banków filtrów.

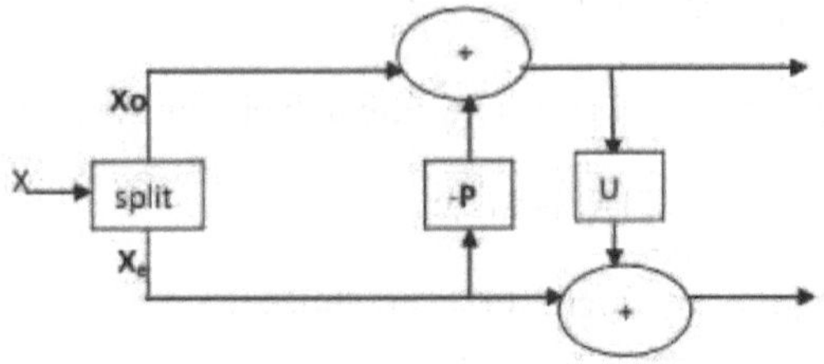

Rys. 3.1 Schemat blokowy przewidywania i aktualizacji kroków podnoszenia

Każdą falę FIR lub bank filtrów można rozłożyć na etapy podnoszenia. Można to zobaczyć zapisując transformację w formie polifazowej. Stwierdzenia dotyczące doskonałej rekonstrukcji lub podniesienia można następnie wykonać za pomocą matryc z wpisami wielomianów lub wielomianów Laurenta. Stopień podnoszenia staje się wtedy tak zwaną matrycą elementarną, czyli matrycą trójkątną (dolną lub górną), w której wszystkie wpisy po przekątnej są równe jednemu. Każda matryca z wpisami wielomianowymi i determinantami może być uwzględniona w takich matrycach elementarnych.

3.1 Filtry i wielomiany Laurenta

Filtr h jest liniowo zmiennym w czasie operatorem i jest całkowicie zdeterminowany przez jego reakcję impulsową :{\i0} $h_k \in R \mid k \in z$ }. Z-transformacja filtra FIR h jest wielomianem Laurenta h z) podane przez[5]

$$h\,(z) = \sum_{k=kb}^{Ke} h_k z^{-k} \qquad (3.9)$$

Matryca 2x2 wielomianów Laurenta to

$$M(z) = \begin{bmatrix} a(z) & b(z) \\ c(z) & d(z) \end{bmatrix} \qquad (3.10)$$

Matryce te również tworzą pierścień, który jest oznaczony jako M(2;R[z,z-1]).

3.2 System podnoszenia

Schemat podnoszenia jest łatwą relacją pomiędzy parą filtrów doskonałej rekonstrukcji (h, g) Następnie można zacząć od fali Lazy'ego i za pomocą podnoszenia stopniowo budować swoją drogę aż do analizy wielorozdzielczości o określonych właściwościach[5] .

Para filtrów (h, g) jest komplementarna w przypadku, gdy odpowiadająca jej matryca polifazowa P(z) posiada wyznacznik 1.

Jeżeli (h, g) jest komplementarna, więc jest ($\tilde{h}$, $\tilde{g}$).

Twierdzenie podnoszące

Niech (h, g) mają charakter uzupełniający . Następnie każdy inny filtr skończony h ^{nowy} komplementarny do h jest z formy:

$g^{new}(z) = g(z) + h\ z)\ s(z2)$ (3.11)

gdzie s(z) jest wielomianem Laurenta. I odwrotnie, każdy filtr tej formy jest komplementarny do h.

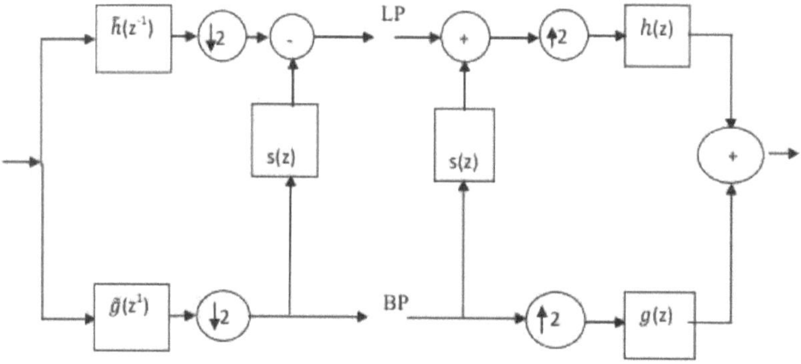

Rys. 3.2 Schemat podnoszenia

Podwójne podnoszenieTwierdzenie

Niech (h, g) mają charakter uzupełniający. Następnie każdy inny filtr skończony h ^{nowy} komplementarny do g jest z formularza [5]:

$$h^{new}(z)= h\ (z)+ g\ (z)\ t\ (z2) \qquad (3.12)$$

gdzie t(z) jest wielomianem Laurenta. I odwrotnie, każdy filtr tej formy jest komplementarny do g .

Po podwójnym podniesieniu nowa matryca polifazowa jest podawana przez

$$Pnew(z) = P(z) \begin{bmatrix} 1 & 0 \\ t(z) & 1 \end{bmatrix} \qquad (3.13)$$

Podwójne podnoszenie tworzy nowy $\tilde{g}$ podany przez

$$\tilde{g}^{new}(z) = \tilde{g}(z) - \tilde{h}z)\, t(z\text{-}2) \quad (3.14)$$

Podnoszenie i podwójne podnoszenie służą do budowania transformacji Wavelet począwszy od leniwej fali. Z leniwca zbudowana jest cała rodzina falochronów, po których następuje jeden podwójny stopień podnoszenia i pierwszy stopień podnoszenia. Wszystkie filtry *h* skonstruowane w ten sposób są półpasmowe, a odpowiadające im funkcje skalowania są interpolowane. Ze względu na wiele korzyści płynących z podnoszenia, naturalne jest, że próbuje się budować również inne fale, być może za pomocą wielu kroków podnoszenia.

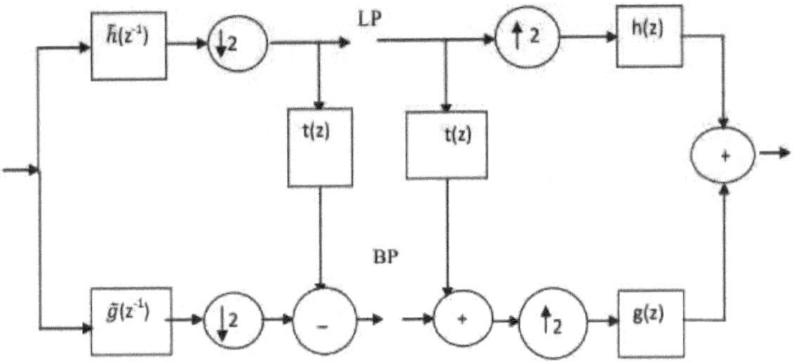

Rys. 3.3 Podnoszenie podwójne

3.3 Algorytm euklidesowy

Algorytm euklidesowy został pierwotnie opracowany w celu znalezienia największego wspólnego dzielnika dwóch liczb naturalnych, ale może być rozszerzony do znalezienia największego wspólnego dzielnika wielomianów[5]. Tu trzeba znaleźć wspólne czynniki wielomianów Laurenta. Główną różnicą w przypadku wielomianu jest ponownie to, że rozwiązanie nie jest unikalne. Rzeczywiście, gcd dwóch wielomianów Laurenta jest definiowane tylko do współczynnika zp. (Jest to podobne do powiedzenia, że gcd dwóch wielomianów Laurenta jest definiowane do wartości stałej.)Dwa wielomiany Laurenta są stosunkowo doskonałe, jeśli ich gcd ma stopień zerowy. Zwróć uwagę, że mogą one dzielić korzenie przy zerze i nieskończoności[5].

3.4 Wielomianowe twierdzenie Laurenta

Weźmy dwa wielomiany Laurenta a(z) i b(z) $\neq 0$ z $|a(z)| \geq |b(z)|$. Niech a0(z) = a(z) i b0(z) = b(z) i powtórzyć następujące kroki, zaczynając od i = 0

$$a_{i+1}(z) = b_i(z) \quad (3.15)$$

$$b_{i+1}(z) = a_i(z) \% b_i(z) \quad (3.16)$$

Następnie $a_n(z)$ = gcd (a(z), b(z)), gdzie n jest najmniejszą liczbą, dla której $b_n(z) = 0$

Biorąc pod uwagę, że $|b_{i+1}(z)| < |b_i(z)|$, istnieje m tak, że $|b_m(z)| = 0$.Algorytm kończy się wtedy na n = m+1. Liczba kroków jest zatem ograniczona przez $n \leq |b(z)| + 1$. Jeśli pozwolimy $q_{i+1}(z)=a_i(z)/b_i(z)$,

Mamy to.

$$\begin{bmatrix} a_n(z) \\ 0 \end{bmatrix} = \prod_{i=n}^{1} \begin{bmatrix} 0 & 1 \\ 1 & -q_i(z) \end{bmatrix} \begin{bmatrix} a(z) \\ b(z) \end{bmatrix} \quad (3.17)$$

W rezultacie

$$\begin{bmatrix} a(z) \\ b(z) \end{bmatrix} = \prod_{i=n}^{1} \begin{bmatrix} q_i(z) & 1 \\ 1 & 0 \end{bmatrix} \begin{bmatrix} a(z) \\ 0 \end{bmatrix} \quad (3.18)$$

a zatem $a_n(z)$ dzieli zarówno a(z) jak i b(z). Jeśli $a_n(z)$ jest monomilem, to a(z) i b(z) są względnie doskonałe[5] .

3.5 ALGORYTM FAKTORINGU

W tej sekcji wyjaśniono, w jaki sposób każda para filtrów uzupełniających (h,g) może być uwzględniona w etapach podnoszenia. Po pierwsze zauważ, że $h_e(z)$ i $h_o(z)$ muszą być relatywnie doskonałe, ponieważ każdy wspólny czynnik podzieliłby det P(z) i wiemy już, że det P(z) jest 1. Możemy więc uruchomić algorytm euklidesowy zaczynając od $h_e(z)$ i $h_o(z)$, a gcd będzie monomilem. Ze względu na niejednorodność podziału zawsze możemy wybrać iloraz tak, aby gcd był stały. Niech ciągle będzie K. Mamy więc to

$$\begin{bmatrix} h_e(z) \\ h_o(z) \end{bmatrix} = \prod_{i=n}^{1} \begin{bmatrix} q_i(z) & 1 \\ 1 & 0 \end{bmatrix} \begin{bmatrix} K \\ 0 \end{bmatrix} \quad (3.19)$$

Zauważ, że w przypadku $|h_o(z)| > h_e(z)$, pierwszym ilorazem $q_1(z)$ jest zero. Zawsze możemy założyć, że *n* jest równe. Rzeczywiście, jeśli n jest nieparzyste, możemy pomnożyć filtr h(z) przez z, a g(z) przez $-z^{-1}$. Nie zmienia to determinanta matrycy polifazowej. Odwraca (do monomialu) polifazowe składowe h i w ten sposób tworzy n jeszcze raz. Biorąc pod uwagę filtr *h,* zawsze możemy znaleźć filtr uzupełniający g0, pozwalając, aby

$$P^o(z) = \begin{bmatrix} h_e(z) & g_e^0(z) \\ h_o(z) & g_o^0(z) \end{bmatrix} = \prod_{i=1}^{n} \begin{bmatrix} q_i(z) & 1 \\ 1 & 0 \end{bmatrix} \begin{bmatrix} K & 0 \\ 0 & 1/K \end{bmatrix} \quad (3.20)$$

Tutaj końcowa matryca przekątna wynika z faktu, że wyznacznik matrycy polifazowej i jeden i n jest równy. Przepiszmy trochę ostatnie równanie. Najpierw należy zauważyć, że

$$\begin{bmatrix} q_i(z) & 1 \\ 1 & 0 \end{bmatrix} = \begin{bmatrix} 1 & q_i(z) \\ 0 & 1 \end{bmatrix} \begin{bmatrix} 0 & 1 \\ 1 & 0 \end{bmatrix} = \begin{bmatrix} 0 & 1 \\ 1 & 0 \end{bmatrix} \begin{bmatrix} 1 & 0 \\ q_i(z) & 1 \end{bmatrix} \quad (3.21)$$

Użycie pierwszego równania (3.21) w przypadku gdy *i* jest nieparzyste, a drugiego w przypadku gdy *i* jest parzyste:

$$P^o(z) = \prod_{i=1}^{\frac{n}{2}} \begin{bmatrix} 1 & q_{2i-1}(z) \\ 0 & 1 \end{bmatrix} \begin{bmatrix} 1 & 0 \\ q_{2i}(z) & 1 \end{bmatrix} \begin{bmatrix} K & 0 \\ 0 & 1/K \end{bmatrix} \quad (3.22)$$

wreszcie, oryginalny filtr g może być odzyskany poprzez zastosowanie twierdzenia (3.15), teraz okazuje się, że filtr g można zawsze uzyskać od g^0 z jednym podnoszeniem

$$P(z) = P0(z) \begin{bmatrix} 1 & s(z) \\ 0 & 1 \end{bmatrix} \quad (3.23)$$

Twierdzenie faktoringowe.

Podana para filtrów komplementarnych (h, g), to zawsze istnieją wielomiany Laurenta $s_i(z)$ i ti(z) dla $1 \leq i \leq m$ i niezerową stałą K tak, aby

$$P(z) = \prod_{i=1}^{m} \begin{bmatrix} 1 & s_i(z) \\ 0 & 1 \end{bmatrix} \begin{bmatrix} 1 & 0 \\ t_i(z) & 1 \end{bmatrix} \begin{bmatrix} K & 0 \\ 0 & 1/K \end{bmatrix} \quad (3.24)$$

Dowód wynika z połączenia (3.22) i (3.23), ustawienie $m = n/2 + 1$, $t_m(z) = 0$ i $s_m(z) =$ K2 s(z). Innymi słowy, każdą skończoną transformację filtrującą można uzyskać zaczynając od fali leniwej, po której następuje podnoszenie m i podwójne podnoszenie, po którym następuje skalowanie.

Podwójna matryca polifazowa jest podana przez

$$\tilde{P}(z) = \prod_{i=1}^{m} \begin{bmatrix} 1 & 0 \\ -s_i(z^{-1}) & 1 \end{bmatrix} \begin{bmatrix} 1 & -t_i(z^{-1}) \\ 0 & 1 \end{bmatrix} \begin{bmatrix} 1/K & 0 \\ 0 & K \end{bmatrix} \quad (3.25)$$

z tego widzimy, że w przypadku ortogonalnym ($P(z) = \tilde{P}(z)$) od razu mamy dwie różne faktoryzacje.

3.6 Transformacja fali podnoszącej Haar

Jak na nienormalizowaną falę haarską,

$$h(z) = 1 + z^{-1}, g(z) = -\frac{1}{2} + \frac{1}{2z^{-1}}, \tilde{h}(z) = \frac{1}{2} + \frac{1}{2z^{-1}} \text{ oraz } \tilde{g}(z) = -1 + 1z^{-1} \qquad (3.26)$$

przy użyciu algorytmu euklidesowego matryca polifazowa może być zapisana jako

$$P(z) = \begin{bmatrix} 1 & -\frac{1}{2} \\ 1 & \frac{1}{2} \end{bmatrix} = \begin{bmatrix} 0 & 1 \\ 1 & 0 \end{bmatrix} \begin{bmatrix} 1 & -\frac{1}{2} \\ 0 & 1 \end{bmatrix} \quad (3.27)$$

Tak więc po stronie analizy mamy

$$P(z)^{-1} = \tilde{P}\left(\frac{1}{z}\right) = \begin{bmatrix} 1 & \frac{1}{2} \\ 0 & 1 \end{bmatrix} \begin{bmatrix} 1 & 0 \\ -1 & 1 \end{bmatrix} \quad (3.28)$$

Odpowiada to następującej realizacji przekształcenia terminowego

$$s_l^{(0)} = x_{2l} \qquad (3.29)$$

$$d_l^{(0)} = x_{2l+1} \quad (3.30)$$

$$d_l = d_l^{(0)} - s_l^{(0)} \qquad (3.31)$$

$$s_l = s_l^{(0)} + 1/2\,(d_l) \qquad (3.32)$$

Podczas gdy transformacja odwrotna jest dana przez

$$s_l^{(0)} = s_l - 1/2(\,d_l) \quad (3.33)$$

$$d_l^{(0)} = d_l + s_l^{(0)} \qquad (3.34)$$

$$x_{2l+1} = d_l^{(0)} \qquad (3.35)$$

$$x_{2l} = s_l^{(0)} \qquad (3.36)$$

Wartości pośrednie obliczone podczas podnoszenia są oznaczane sekwencjami $s^{(i)}$ oraz $d^{(i)}$ gdzie x jest podstawowym ciągiem elementów, tj. $x = \{x_l \mid l \in Z\}$.

3.7 Złożoność obliczeniowa transformacji falowodu podnoszącego

Kosz t zastosowania filtra h jest | h |+1 mnożenia i | h |dodatki. Koszt standardowego algorytmu wynosi więc 2(| h |+| g |) + 2 . Jeśli filtr jest symetryczny i | h |jest równy, koszt wynosi 3| h | /2+1. Rozważmy przypadek ogólny, który nie wiąże się z symetrią.

Weź | h | = 2N, | g | = 2M, i załóżmy, że M$\geq$ N. Koszt standardowego algorytmu wynosi teraz 4(N+M)+2. Bez utraty ogólnikowości możemy założyć, że | $h_{e|}$ = N, | $h_{o|}$ = N-1, | $g_{e|}$ = M i | $g_{o|}$ = M-1. Ogólnie rzecz biorąc, algorytm euklidesowy zaczął się od ($h_{e,ho}$) para potrzebuje teraz N kroków o stopniu każdego ilorazu równym jeden (|qi| = 1 na 1 $\leq$ i $\leq$ N).

Aby dostać się do (g_e, g_o) para, potrzebny jest jeden dodatkowy stopień podnoszenia z |s| = M - N. Całkowity koszt algorytmu podnoszenia wynosi:

Skalowanie	2
N kroków podnoszenia :	4N
Końcowy etap podnoszenia:	2 (M- N +1)
Razem	2 (N+ M+2)

3.8 Korzyści płynące z zastosowania dźwigu

1. Podnoszenie prowadzi do przyspieszenia w stosunku do standardowej implementacji[5].
2. Podnoszenie pozwala na wdrożenie na miejscu szybkiej transformaty falkowej, co jest cechą podobną do szybkiej transformaty Fouriera. Oznacza to, że transformacja falkowa może być obliczana bez konieczności przydzielania pamięci pomocniczej[5].
3. Wszystkie operacje w ramach jednego etapu podnoszenia mogą być wykonywane całkowicie równolegle, a jedyną sekwencyjną częścią jest kolejność operacji podnoszenia[5].
4. Za pomocą podnoszenia szczególnie łatwo można budować nieliniowe transformacje falowe. Typowym przykładem są fale, które przekształcają liczby całkowite mapy na liczby całkowite. Takie transformacje są ważne dla implementacji sprzętowej oraz dla bezstratnego kodowania obrazu[5].
5. Wykorzystując podnoszenie i przekształcanie liczb całkowitych w całkowite, możliwe jest łączenie fal biorthogonalnych z kwantyfikacją skalarną i nadal utrzymywanie komórek kwantyzacji sześciennej, które są optymalne jak w

przypadku biorthogonalnym.5 W ustawieniu wielokrotnego opisu wykazano, że to uogólnienie do biorthogonalności pozwala na znaczną poprawę[5].

6. Podnoszenie pozwala na adaptacyjną transformację falkową. Oznacza to, że można rozpocząć analizę funkcji od najgrubszych poziomów, a następnie budować drobniejsze poziomy poprzez uszlachetnianie tylko w interesujących nas obszarach[5].
7.

****

4. Moduł Maxima Transformacji Fali (Wavelet Transform Modulus Maxima)

Punkty ostrych wahań są najważniejszą cechą przy analizie właściwości sygnałów lub obrazów w stanie nieustalonym. skupiamy się na detektorze kanciastym krawędziowym, co jest równoznaczne ze znalezieniem lokalnych maksymalnych modułów transformacji falkowej. Istnieje wiele różnych typów ostrych punktów wariacji na zdjęciach. Krawędzie tworzone przez okluzje, cienie, rozjaśnienia, dachy, tekstury itp. Mają bardzo różne lokalne profile intensywności. Aby dokładniej oznaczyć wykryty obraz, konieczna jest analiza jego lokalnych właściwości. W matematyce osobliwości charakteryzują się na ogół ich wykładnikami lipschitz. Teoria falkowa dowodzi, że te wykładniki lipschitu można obliczyć na podstawie ewolucji w poprzek skali falistych maksimów modułu transformacji[6].

4.1 Regularność Lipschitza

Różne rodzaje osobliwości mogą być dyskryminowane poprzez pomiar ich lokalnej regularności Lipschitza[4].

Niech $0 < \alpha < 1$. F unkcja f(x,y) jest jednolicie Lipschitz α na otwartym zestawie Ω z R2, jeżeli

i tylko wtedy, gdy istnieje stałe K takie, że dla wszystkich (x_0, y_0) i (x_0, y_0) w Ω.

$$|f(x_0, y_0)-f(x_1-y_1)| \leq K|(x_0-x_1)^2 + (y_0-y_1)^2|^{\alpha/2} \qquad (4.1)$$

4.2 Metoda maksymalnych modułów przemiany falowej

Załóżmy, że fale Ψ^1 oraz Ψ^2 mają dokładnie jeden znikający moment i kompaktową podporę, tak że

$$\Psi^1 = - \partial\theta/\partial x, \Psi^2 = - \partial\theta/\partial \ \ y \text{ oraz} \neq \int_{+\infty}^{-\infty} \theta(t)dt\, 0 \qquad (4.2)$$

θ jest funkcją wygładzającą. Tak więc falkowa transformacja f może być napisany jako wielostopniowy operator różnicowy

$$\begin{pmatrix} W^1 & f(x,y,2^j) \\ W^2 & f(x,y,2^j) \end{pmatrix} = \begin{pmatrix} f * & \overline{\psi}^1 2^j (x,y) \\ f * & \overline{\psi}^2 2^j (x,y) \end{pmatrix} \qquad (4.3)$$

$=2j\overline{\nabla}(f * \overline{\theta_{2^j}})(x, y)$ (4.4)

gdzie * oznacza operatora konwekcji oraz

$$\overline{\psi}^1 2^j (x, y) = \overline{\psi}^2 2^j (x, y) \quad (4.5)$$

Praktycznie ta transformacja jest obliczana przez filtrację iteracyjną z zestawem filtrów dolnoprzepustowych h i górnoprzepustowych g związanych z falami ψ^1 i ψ^2 1].W1f i W2f są obrazami szczegółowymi, ponieważ zawierają poziome i pionowe szczegóły f. Moduł tego wektora gradientu jest proporcjonalny do modułu transformacji falkowej.

$$M f(x, y, 2j) = \sqrt{|W^1 f(x, y, 2^j) + |W^2 f(x, y, 2^j)|} \quad (4.6)$$

I jego kąt

$$A f(x, y, 2j) = \alpha\, W1\,(x, y, 2j) \geq 0 \quad (4.7)$$

$$\pi\text{-}\alpha\, W^1(x, y, 2^j) < 0 \quad (4.8)$$

Gdzie

$$\alpha = \text{Opalenizna}^{-1}\left(\frac{W^2 f(x,y,2^j)}{W^1 f(x,y,2^j)}\right) \text{ kiedy } W^1 f(x, y, 2^j) \neq 0 \quad (4.9)$$

$$= \pm \frac{\pi}{2} \text{ w przeciwnym razie} \quad (4.10)$$

Następnie lokalne maksima modułu transformacji falkowej

M f (x,y,2j) w punkcie (x0, y0) można obliczyć przez rozwiązanie

$$\partial M f(x, y, 2^j) = 0 \quad (4.11)$$

4.3 Właściwości modułu Wavelet Maxima

Jakikolwiek punkt (s_0, x_0) tak aby $|Wf(s_0, x)| < |Wf(s_0, x_0)|$ gdy x należy albo do prawej, albo do lewej dzielnicy x_0 oraz $|Wf(s_0, x)| \leq |Wf(s_0, x_0)|$ gdy x należy do drugiej strony sąsiedztwa x_0 .

Linia maxima to dowolna połączona krzywa w przestrzeni wagi (s, x), wzdłuż którego wszystkie punkty są modułami maksymalnymi .A modułami maksymalnymi (s_0, x_0) transformacji falkowej jest ściśle lokalnym maksimum modułu po prawej lub lewej stronie x_0.Jeśli transformacja falkowa nie ma maksymalnego modułu na dokładnej skali w danym interwale, to funkcja jest jednorodna Lipschitz α dla $\alpha <$ n .

4.4 Wykrywanie i mierzenie cech szczególnych

Istnieje podejście do wykrywania osobliwości, z falą, która jest funkcją Hardy[4]. A

Funkcja Hardy *g(x)* jest funkcją złożoną, której transformacja Fouriera spełnia

$$\hat{g}(w) = 0 \text{, dla } w < 0 . \quad (4.12)$$

Niech $f(x) \in L^2(R)$ a *Wf(s, x) to* złożona transformacja falkowa zbudowana z falownika Hardy'ego.

Funkcja wygładzająca to każda prawdziwa funkcja $\theta(x)$ tak aby

$$\theta(x) = O(1/(1+x^2)) \quad (4.13)$$

i którego integralna część jest niezerowa. Funkcja wygładzania może być postrzegana jako odpowiedź impulsowa filtra dolnoprzepustowego[4].

$$\text{Niech } \theta_s(x) = \left(\frac{1}{s}\right)\theta\left(\frac{x}{s}\right) \quad (4.14)$$

Niech f(x) będzie prawdziwą funkcją w L2(R). Krawędzie w skali s są zdefiniowane jako lokalne ostre odchylenia

punkty f(x) wygładzone przez $\theta_s(x)$.

4.5 Wykrywanie krawędzi za pomocą transformaty falkowej

Niech $\psi^1(x)$ oraz $\psi^2(x)$ Być dwie fale określone przez

$$\psi^1(x) = \frac{d\theta(x)}{dx} \text{ oraz } \psi^2(x) = \frac{d^2\theta(x)}{dx^2} \quad (4.15)$$

Transformacja falkowa zdefiniowana w odniesieniu do każdego z tych falowników jest podana przez

$$W^1f(s,x) = f*\psi_s^1(x) \text{ oraz } W^2f(s,x) = f*\psi_s^2(x) \quad (4.16)$$

$$W^1f(s,x) = f*\left(s\frac{d\theta_s}{dx}\right)(x) = s\frac{d}{dx}(f*\theta_s)(x) \quad (4.17)$$

I

$$W^2f(s,x) = f*\left(s^2\frac{d^2\theta_s}{dx^2}\right)(x) = s^2\frac{d^2}{dx^2}(f*\theta_s)(x) \quad (4.18)$$

Dla stałej skali s , lokalny ekstremum $W^1f(s,x)$ wzdłuż x zmienna, odpowiadająca skrzyżowania zerowe $W^2f(s,x)$ oraz do punktów przegięcia $f*\theta_s(x)$.

4.6 Wykrywanie krawędzi w wielu płaszczyznach

Wieloskalowe czujki zboczowe wygładzają sygnał w różnych skalach i wykrywają ostre punkty odchylenia od ich pierwszej lub drugiej pochodnej [6]. Skrajne wartości pierwszej pochodnej odpowiadają zerowym skrzyżowaniom drugiej pochodnej i punktom odchylenia wygładzonego sygnału. Funkcja wygładzania to dowolna funkcja θ (x), której całka jest równa 1 i która zbiega się w nieskończoność do 0[6]. Na przykład można wybrać θ(x) równa się Gaussian. Załóżmy, że θ(x) jest dwukrotnie zróżnicowana i określa odpowiednio $\psi^a(x)$ oraz $\psi^b(x)$ jako pochodna pierwszego i drugiego rzędu θ(x) .

$$\psi^a(x) = \frac{d\theta(x)}{dx} \quad \text{oraz} \quad \psi^b(x) = \frac{d^2\theta(x)}{dx^2} \quad (4.19)$$

Z definicji, funkcje $\psi^a(x)$ oraz $\psi^b(x)$ można uznać za faliste, ponieważ ich całka jest równa 0

$$\int_{-\infty}^{+\infty} \psi^a(x)dx = 0 \quad i \quad \int_{-\infty}^{+\infty} \psi^b(x)dx = 0 \quad (4.20)$$

Teraz dylatacja każdej funkcji $\xi(x)$ przez współczynnik skalowania s jest oznaczony przez

$$\xi_s(x) = 1/s\ \xi\left(\frac{x}{s}\right) \quad (4.21)$$

Transformacja falkowa jest obliczana przez zwinięcie sygnału falą rozszerzoną. Transformacja falkowa f(x) w skali s i pozycji x, obliczony w odniesieniu do fali ψ^a (x), jest określona przez

$$W_s^a f(x) = f*\psi_s^a(x) \quad (4.22)$$

Transformacja falkowa f(x) w odniesieniu do ψ^b (x) jest

$$W_s^b f(x) = f*\psi_s^b(x) \quad (4.23)$$

Wywodzimy się z tego.

$$W_s^a f(x) = f * (s\frac{d\theta_s}{dx})(x) = s\frac{d}{dx}(f*\theta s)(x) \text{ i} \quad (4.24)$$

$$W_s^b f(x)=f * (s^2 \frac{d^2\theta_s}{dx^2})(x)=s^2 \frac{d^2}{dx^2}(f* \theta s)(x) \quad (4.25)$$

Fala przekształca się W_s^a f(x) i W_s^b f(x) są odpowiednio pierwszą i drugą pochodną sygnału wygładzonego w skali s. Lokalne ekstremum w postaci W_s^a f(x) odpowiadają zatem zerowej liczbie skrzyżowań W_s^b f(x) oraz do punktów przegięcia f* θs(x) . W szczególnym przypadku, gdy θ(x) jest Gaussian, wykrywanie zera jest równoznaczne z wykrywaniem krawędzi Marr-Hildretha, podczas gdy wykrywanie ekstremalne odpowiada wykrywaniu krawędzi Canny. Gdy skala s jest duża, skręcenie z θs(x) eliminuje niewielkie wahania sygnału. Dlatego też można wykryć tylko ostre wahania dużych struktur. Wykrywanie skrzyżowań zerowych lub lokalnych ekstremów to podobne procedury, ale podejście oparte na lokalnych ekstremiach ma pewne istotne zalety. Punkt przegięcia f *θs(x) może być maksymalną lub minimalną wartością bezwzględną swojego pierwszego instrumentu pochodnego. Maksymalnymi wartościami bezwzględnymi pierwszego instrumentu pochodnego są ostre punkty zmienności rzędu f *θs(x), podczas gdy minima odpowiadają powolnym zmianom. Przy drugim operatorze pochodnym, trudno jest rozróżnić te dwa rodzaje skrzyżowań zerowych. Przeciwnie, w przypadku pochodnej pierwszego rzędu, z łatwością wybieramy ostre punkty zmienności, wykrywając jedynie lokalne maksima $|W_s^a$ f (x)|.Dodatkowo, skrzyżowania zerowe dają informacje o pozycji, ale nie odróżniają małych wahań amplitudy od ważnych nieciągłości.|Podczas wykrywania lokalnych maksimów, możemy również rejestrować wartości dla W_s^a f (x) w maksymalnych lokalizacjach, które mierzą pochodną w punktach przegięcia.

Czujnik krawędziowy można łatwo rozbudować w dwóch wymiarach.

$$x_{jest}(x, y)=1/s2\ \xi(\frac{x}{s}, \frac{y}{s}) \quad (4.26)$$

dylatacja przez s dowolnej funkcji 2-D ξ(x, y).używamy terminu 2-D funkcja wygładzania do opisania dowolnej funkcji θ(xy) której całka nad x i y jest równa 1 i zbiega się w nieskończoność do 0. f (x,y) jest wygładzana w różnych skalach s przez skręcenie z θs(xy).Następnie obliczamy wektor gradientu. $\vec{\nabla}$ (f*θ_s)(xy).kierunek wektora gradientu w punkcie (x0,y0) wskazuje kierunek w płaszczyźnie obrazu (x , y) wzdłuż którego kierunkowa pochodna f (xKrawędzie są definiowane jako punkty (x0,y0), gdzie moduł wektora gradientu jest maksymalny w kierunku, w którym punkty wektora gradientu w płaszczyźnie obrazu.

Punkty krańcowe to punkty przegięcia powierzchni $f*\theta_s(xy)$.Odniesiemy tę detekcję krawędzi do 2-D wavelet transformacji.Definiujemy dwie funkcje wavelet $\psi^1(x,y)$ oraz $\psi^2(x,y)$ tak aby

$$\psi^1(x,y) = \frac{\partial\theta(x,y)}{\partial x} \quad \text{oraz} \quad \psi^2(x,y) = \frac{\partial\theta(x,y)}{\partial y} \qquad (4.27)$$

Niech $\psi_s^1(x,y) = \frac{1}{s^2}\,\psi^1(\frac{x}{s},\frac{y}{s})$ i (4.28)

$$\psi_s^2(x,y) = \frac{1}{s^2}\psi^2(\frac{x}{s},\frac{y}{s}). \qquad (4.29)$$

Niech f (x,y)ϵ L2(R2). Transformacja falkowa f (x,y) w skali s ma dwie składowe określone przez

$$W_s^1 f(x,y) = f*\psi_s^1(x,y) \text{ oraz } W_s^2 f(x,y) = f*\psi_s^2(x,y) \qquad (4.30)$$

Podobnie jak w przypadku (4), można łatwo udowodnić, że

$$\begin{pmatrix} W_s^1 f(x,y) \\ W_s^2 f(x,y) \end{pmatrix} = s \begin{pmatrix} \frac{\partial(f*\theta_s)(x,y)}{\partial x} \\ \frac{\partial(f*\theta_s)(x,y)}{\partial y} \end{pmatrix} = s\,\vec{\nabla}(f*\theta_s)(x,y) \qquad (4.31)$$

W związku z tym punkty brzegowe mogą być zlokalizowane z dwóch komponentów $W_s^1 f(xy)$ oraz $W_s^2 f(x,y)$ transformacji falkowej[6].

4.7 Transformacja obrazu w falach

Wielopostaciowe punkty ostrych wariacji można uzyskać w wyniku przekształcenia fali barwnej, jeżeli

$$\psi^1(x,y) = \frac{\partial\theta(x,y)}{\partial x} \text{ oraz } \psi^2(x,y) = \frac{\partial\theta(x,y)}{\partial y} \qquad (4.32)$$

Transformacja falowa może być przepisana

$$\begin{pmatrix} W_s^1 f(x,y) \\ W_s^2 f(x,y) \end{pmatrix} = 2^j \begin{pmatrix} \frac{\partial}{\partial x}(f*\theta_{2^j})(x,y) \\ \frac{\partial}{\partial x}(f*\theta_{2^j})(x,y) \end{pmatrix} \qquad (4.33)$$

$$= 2^j\vec{\nabla}(f*\theta_{2^j})(x,y) \qquad (4.34)$$

Dwie składowe transformacji falkowej są proporcjonalne do dwóch składowych

wektor gradientu $\vec{\nabla}(f*\theta_{2^j})(x,y)$.W każdej skali 2^j, moduł wektora gradientu wynosi proporcjonalny do

$$M_{2^j} f(x,y)=\sqrt{|W^1_{2^j}f(x,y)|^2 + |W^2_{2^j}f(x,y)|^2} \quad (4.35)$$

Kąt wektora gradientu z kierunkiem poziomym jest podany przez

$$A_{2^j} f(x,y) = \text{kłótnia}(W^1_{2^j}f(x,y)+ iW^2_{2^j}f(x,y)) \quad (4.36)$$

Podobnie jak w przypadku algorytmu Cudownego, ostre punkty zmienności $f* \theta_{2^j}(x,y)$ są to punkty (x,y),

gdzie moduł $M_{2^j} f(x,y)$ ma lokalne maksima w kierunku nachylenia podanego przez

$A_{2^j} f(x,y)$.Położenie każdej z tych maksymalnych wartości modułu, jak również wartości modułu

$M_{2^j} f(x,y)$ i kąt $A_{2^j} f(x,y)$ w odpowiednich miejscach są rejestrowane.

5.Fuzja obrazu opartego na fali podnoszącej

5.1 Proponowany algorytm

Zaimplementowany algorytm składa się z następujących etapów:

1. Dekompozycja obrazów wejściowych za pomocą transformacji fali podnoszącej.
2. Obliczanie modułu gradientu transformacji fali podnoszącej.
3. Fuzja w oparciu o wartość progową gradientu współczynników falowych.
4. Odwrotna fala podnosząca transformacja obrazu stopionego.
5. Ocena parametrów wydajności syntezy obrazu

Dwa wstępnie zarejestrowane obrazy A(x, y) i B(x, y) są rozkładane na obrazy podzakresowe za pomocą schematu podnoszenia transformacji falkowej. Załóżmy, że podimki niskiej częstotliwości A i B są reprezentowane odpowiednio przez LAJ(x,y) i LBJ(x,y), a podimki wysokiej częstotliwości są reprezentowane odpowiednio przez HAJK(x,y) i HBJK(x,y) (parametrem rozdzielczości jest J). Moduł gradientu współczynników falowych generowanych przez HAJK(x,y) i HBJK(x,y) jest reprezentowany przez

GAJK(x,y) i GBJK(x,y) (5 .1)

(dla każdego J,K=1,2,3 odpowiadającego odpowiednio kierunkom poziomym, pionowym i ukośnym). Następnie wymiana komponentów wysokiej częstotliwości odbywa się według następującej zasady:

Jeśli $GAJK(x,y) - GBJk(x,y) > \delta^K \sqrt{\frac{1}{N} \sum_{i=1}^{N} ((x_i-\overline{x})^2}$

(5.2)

HFJK(x,y) = HAJK(x,y) (5.3)

jeżeli $GBJK(x,y) - GAJK(x,y) \geq \delta^K$ (5.4)

HFJK(x,y) = HBJK(x,y) (5.5)

Gdzie δ^K jest wartością progową, a HFJK(x,y) jest składową wysokiej częstotliwości obrazu stopionego. W tej metodzie fuzja podobrazów wysokiej częstotliwości odbywa się z wykorzystaniem kryterium maksimum modułów. Ponieważ kryterium maksimum modułów gradientu współczynników fali w wielorozdzielczym szkielecie wydobywa osobliwości i krawędzie, metoda ta poprawia informacje o krawędziach i granicach w stopionym obrazie. Nieistotne krawędzie są eliminowane poprzez uwzględnienie tylko pikseli o module większym od wartości progowej.

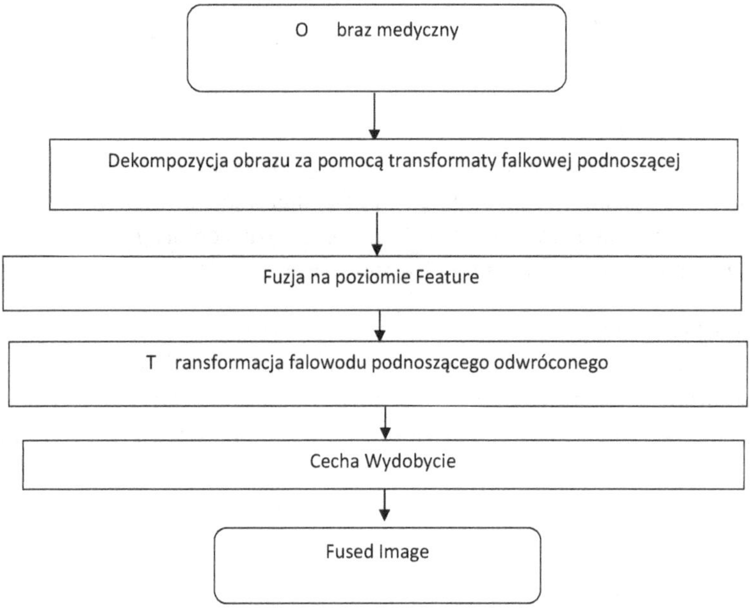

Rys.5.1 Schemat proponowanego algorytmu

5.2 Ocena wydajności syntezy obrazu

Parametry takie jak odchylenie standardowe, entropia i średni gradient są obliczane dla oceny wydajności fuzji obrazów[12].

Odchylenie standardowe (SD)

Odchylenie standardowe (), które jest pierwiastkiem kwadratowym wariancji, odzwierciedla rozkład lub rozpiętość w danych. Odchylenie standardowe mierzy kontrast w obrazie. Tak więc obraz o wysokim kontraście będzie miał dużą zmienność, a obraz o niskim kontraście będzie miał małą zmienność. Wskazuje ona na bliskość wyostrzonego obrazu do oryginalnego obrazu wielospektralnego na poziomie pikseli. Odchylenie standardowe mierzy kontrast w obrazie[12].

$$\sigma = \sqrt{\frac{1}{N}\sum_{i=1}^{N}(x - \bar{x})^2} \quad (5.6)$$

$$\bar{x} = \frac{1}{N}\sum_{i=1}^{N} x_i \quad (5.7)$$

Gdzie x_i jest wektorem danych i x jest średnią wartością

Odchylenie standardowe odzwierciedla również szczegółowe informacje o obrazie. Im większe jest odchylenie standardowe, tym bogatszy jest szczegół obrazu[12].

Entropia

Entropia mierzy zawartość informacji w obrazie[12].

$$H = -\sum_{i=0}^{L-1} P_i \text{Dziennik}_2 P_i \quad (5.8)$$

Gdzie L oznacza liczbę poziomów szarości oraz

$$P_i = \frac{\text{Liczba pikseli Di z każdego poziomu szarego i}}{\text{Liczba pikseli D na obrazie}}$$

Gradient

Jako miarę ostrości obrazu użyto gradientu. Gradient przy dowolnym pikselu jest pochodną wartości różnicy sąsiednich pikseli. Generalnie ostrzejszy obraz ma wyższe wartości nachylenia. Dlatego też każda metoda wyostrzania obrazu powinna skutkować zwiększeniem wartości gradientu, ponieważ proces ten sprawia, że obrazy są ostrzejsze w porównaniu z obrazem o niskiej rozdzielczości. Gradient określa kontrast pomiędzy szczegółami zmienności wzoru na obrazie a jego przejrzystością. G jest indeksem odzwierciedlającym zdolność wyrażania małego kontrastu i tekstury obrazu[12]. Może być podany przez

$$\bar{G} = \frac{1}{(m-1)(n-1)}\sum_{i=1}^{m-1}\sum_{j=1}^{n-1}\sqrt{\frac{\Delta I_x^2 + \Delta I_y^2}{2}} \quad (5.9)$$

$$\Delta I_x = f(i+1, j) - f(i, j) \quad (5.10)$$

$$\Delta I_y = f(i, j+1) - f(i, j) \quad (5.11)$$

5.3 Wynik i dyskusja

W niniejszej pracy przedstawiono fuzję obrazów na poziomie cech przy użyciu transformaty falistej Haar'a. Fuzja cech to informacje o krawędziach i granicach, które są uzyskiwane przy użyciu kryteriów maksymalnych modułów transformacji falkowej. Wyniki symulacji pokazują wyższość wyniku, ponieważ entropia, gradient, odchylenie standardowe są zwiększone dla obrazu stopionego w porównaniu do obrazów wejściowych. Proponowane metody mają zalety w postaci prostoty implementacji, szybkiego algorytmu, doskonałej rekonstrukcji i zmniejszonej złożoności obliczeniowej. Koszt obliczeniowy falownika Haar jest bardzo mały w porównaniu z innymi falownikami podnoszącymi.

Użyliśmy obrazów MRI ważonych T1 i T2 jako danych wejściowych i wyodrębniliśmy krawędzie za pomocą funkcji modułu transformacji falkowej. Krawędzie są łączone za pomocą wartości progowej modułu przemiany falkowej. Tabela I podaje wartości entropii, gradientu i odchylenia standardowego dla obrazów wejściowych i wyjściowych. Następnie jeden z obrazów wejściowych zostaje zamazany i następuje fuzja. Wartości te wskazują, że parametry te są zwiększone w przypadku obrazu stopionego. Ponadto, wizualnie dobry obraz jest uzyskiwany, gdy jeden z obrazów wejściowych jest rozmyty.

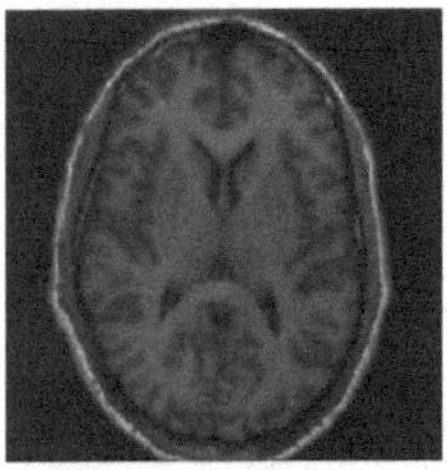

Rysunek 5.2 : Obraz ważony T1

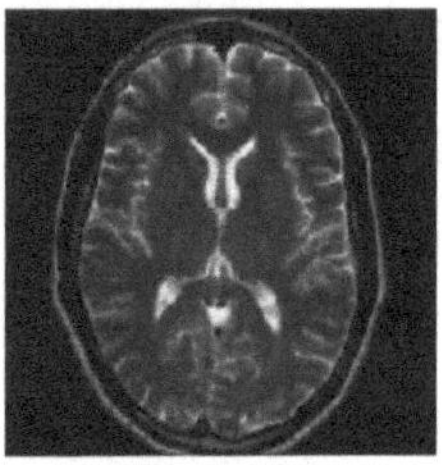

Rys. 5.3 Obraz ważony T2

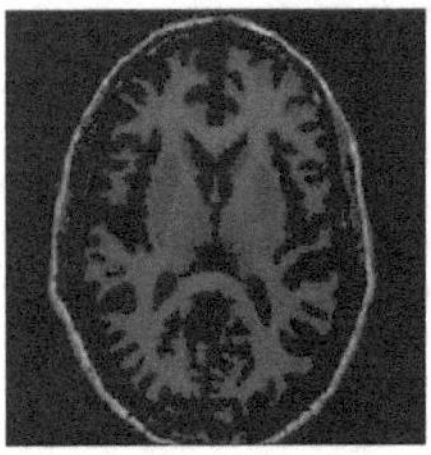

Rysunek 5.4 T1 Rozmyty obraz ważony

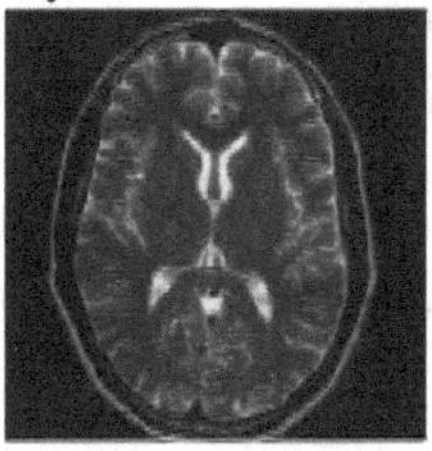

Rys5.5 Wynik syntezy T2 i nieostry obraz ważony T1

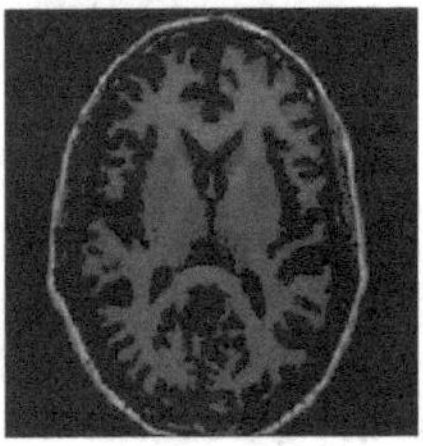

Rys5.6 Rozmyty obraz ważony T2

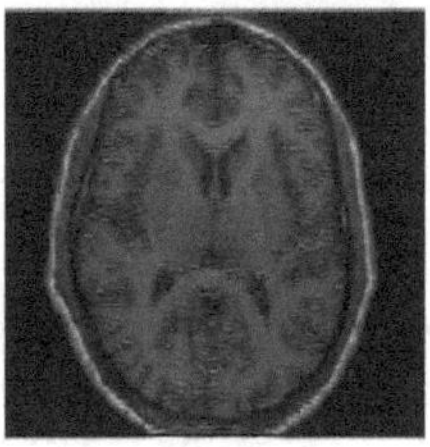

Rys5.7 Wynik syntezy T1 i nieostry obraz ważony T2

Ocena wydajności syntezy jądrowej

S. Nie	Parametry	Zdjęcia źródłowe	Fused Image
1	Średni gradient	0.2891,0.3163	0.3221
2	odchylenie standardowe	159.8302	161.2191
3	Entropia	3.6786	4.8183

Tabela 5.1 Ocena wydajności dla obrazów ważonych T2 i rozmytych T1.

S. Nie	Parametry	Zdjęcia źródłowe	Fused Image
1	Średni gradient	0.2887,0.3163	0.3212
2	odchylenie standardowe	160.0630	161.2013
3	Entropia	4.6311	4.8191

Tabela 5.2 Ocena wydajności dla obrazów nieostrych ważonych T1 i T2

6. Wspólny program syntezy jądrowej oparty na technologii LWT i NSCT

Program opiera się na wspólnej kaskadowej konstrukcji transformaty falistej podnoszącej (LWT) z niepobraną próbą transformatą konturową (NSCT). Te metody rozkładu wielopłaszczyznowego (MSD) są wykorzystywane do wstecznego rozkładu obrazów różnych metod medycznych. Współczynniki niskiej i wysokiej częstotliwości otrzymane z rozkładów dwustopniowych są łączone zgodnie z różnymi zasadami topnienia. W pierwszym etapie składniki wysokiej częstotliwości (informacje szczegółowe) są łączone przez transformatę Karhunena -Loeve'a (KL), a niska częstotliwość przez ważoną superpozycję. Później na drugim etapie zastosowano metodę fuzji na zasadzie maksimum dla obu. Rekonstrukcję obrazu na poziomie pośrednim uzyskuje się poprzez zastosowanie Inverse LWT(ILWT), a na końcowym etapie zastosowano Inverse NSCT. Funkcja Haar wavelet jest tu wybrana ze względu na jej mniej obliczeniową właściwość kosztową. Efektywność proponowanej metody (LWT-NSCT) obserwuje się poprzez zwiększenie wartości parametrów oceny wskaźników oceny metrycznej w porównaniu do współczesnych i popularnych metod syntezy termojądrowej opartych na transformacji. Teraz atrakcyjne cechy obu transformacji, tj. podnoszenie i NSCT , takie jak skąpa reprezentacja danych, mapowanie liczb całkowitych na całkowite, wysoki moment zaniku i zapisywanie pamięci pomocniczej, są atrakcyjnymi cechami tej metody.

Fuzja obrazów jest wybitną techniką stosowaną we współczesnej diagnostyce medycznej[1]. Jest to technika dodawania uzupełniających się informacji z dwóch lub więcej obrazów uzyskanych z różnych trybów i uzyskiwania obrazu wynikowego (obrazu stopionego) wzbogaconego o informacje z obu obrazów[2]-[3]. Dla szarych obrazów medycznych technika ta z pewnością udowodniła swoje znaczenie. Analiza krawędzi, narożników, granic i łat itp. są najważniejszymi, nieuniknionymi i najbardziej pożądanymi cechami obrazu medycznego[4]-[5].

W dziedzinie diagnostyki medycznej ilość informacji uzyskiwanych z danej sceny obrazu przez środowisko wielosensorowe jest znacznie większa w porównaniu do środowiska jednosensorowego. Pojedynczy czujnik i obraz z pojedynczą modalnością są na ogół niewystarczające do dostarczenia szczegółowych informacji o scenie. Dzieje się tak z powodu ograniczeń fizycznych i słabej kalibracji pojedynczego czujnika. Obrazy pozyskane za pomocą jednego czujnika mogą mieć ograniczoną ilość informacji, ale z pewnością posiadają pewne silne cechy. Ten problem ograniczonych informacji może być łatwo rozwiązany w środowisku z wieloma czujnikami. Obrazy z różnych czujników mogą się wzajemnie uzupełniać. Obrazy te, pochodzące z różnych czujników o uzupełniających się cechach, są łączone razem w celu uzyskania obrazu o maksymalnej ilości informacji i szczegółów w nim zawartych, nazywa się Image fusion[6]-[7] .

Obraz stopiony jest teraz bogaty w maksimum szczegółów w każdym pojedynczym obrazie [8]. Metody obrazowania medycznego, takie jak tomografia komputerowa (TK), ultradźwięki (USG), obrazowanie rezonansem magnetycznym (MRI), RTG itp. stały się wybitnymi i integralnymi elementami w dziedzinie diagnostyki medycznej[1],[3]-[4]. Różne sposoby obrazowania medycznego mają różne rozstrzygające podejście do diagnostyki chorej części ciała. Na przykład tomografia komputerowa dostarcza informacji o gęstych tkankach, takich jak kości, podczas gdy rezonans magnetyczny dostarcza informacji o tkankach miękkich, takich jak nerwy i guzy[1],[4]-[5]. Specjaliści medyczni generalnie zalecają obie techniki dla tej samej części ciała, aby osiągnąć wysoką rozstrzygającą dokładność co do choroby. Radiolodzy na ogół wolą łączyć wyniki obu technik diagnostycznych w jednym obrazie, który nazywa się multimodalną fuzją obrazów. Teraz pojedynczy obraz ma połączone cechy obu obrazów. Dobry schemat syntezy pozwala uniknąć nadmiarowości i skutecznie oszczędza pamięć maszyny cyfrowej lub systemu komputerowego[4]-[8] . Image Fusion odbywa się zasadniczo w dwóch domenach .Jedna jest w domenie transform, co jest lepszym sposobem na ochronę krawędzi i usunięcie efektu blokowego. podczas gdy druga jest metodą domeny przestrzennej, która ma wiele braków, takich jak słaba wydajność krawędzi i niespójne wyniki fuzji[2]-[6].

W oparciu o różne metody oparte na przekształceniach i różne zasady fuzji, w ostatnich latach zaproponowano wiele schematów fuzji obrazów multimodalnych[1]-[5]. W niniejszym artykule omówiono badania porównawcze pomiędzy proponowaną techniką (LWT-NSCT) i różnymi metodami fuzji falkowej oraz kilkoma innymi popularnymi metodami fuzji o wielu rozdzielczościach, takimi jak krzywa i kontur[3],[4],[6],[9]. W proponowanej przez nas pracy (LWT-NSCT) dokonujemy wstecznej dekompozycji obrazów z dalszą selektywną syntezą współczynników o różnych zasadach fuzji. Proponowana metoda należy do kategorii multimodalnej fuzji obrazów medycznych, która wykorzystuje kaskadowe ramy różnych typów transformacji, jak np. Ripplet z niesubsydiowaną domeną Shearlet'a (NSST)[1] i Static wavelet transform(SWT) z niesubsydiowaną transformatą konturową (NSCT)[4].Symulowane wyniki dowodzą, że proponowana metoda jest najnowocześniejszą metodą w fuzji obrazów medycznych pod względem poprawionych i zadowalających wartości parametrów oceny, takich jak odchylenie standardowe (SD), Entropia (E), stosunek sygnału szczytowego do szumu (PSNR) oraz współczynnik fuzji (FF), [1]-[5],[21]. Przedstawiono studium porównawcze oparte na analizie matryc jakości syntezy jądrowej (FQM) pomiędzy proponowaną metodą a innymi współczesnymi popularnymi metodami syntezy domenowej, takimi jak Contourlet(CT) [9],Curvelet(CVT)[3],[6], Cascaded Static wavelet transform i NSCT(SWT-NSCT), metoda LWT itp.[7]-[8],[10],[20].Niewiele więcej wyników metody fuzji jest porównywanych z proponowaną metodą (LWT-NSCT), jak np. transformata falowa Quaternion (QWT)[2], transformata falowa złożona Daubechies (DxCWT)[5], jednostopniowa SWT i dyskretna transformata falowa (DWT).DWT nazywane również transformacją podzakresową jako nie nadmiarowa reprezentacja falowa dobrze nadaje się do dekompozycji obrazu w próbach parzystych i nieparzystych. SWT i LWT będące schematami falowymi drugiej generacji dają lepsze wyniki filtracji z odpowiednimi współczynnikami w porównaniu z DWT.

Pozostałe części tego dokumentu są uporządkowane w następujący sposób: W sekcji II wyjaśniono tło i literaturę dotyczącą schematów syntezy obrazu, a w sekcji III. przedstawiono proponowaną metodologię. Sekcja IV wyjaśnia wyniki i dyskusję. Sekcja V zawiera wnioski wraz z zakresem udoskonalenia proponowanej metody w przyszłości.

6.1 Proponowana metodologia syntezy jądrowej (LWT-NSCT)

W niniejszym artykule zaproponowano kolejne, dwuetapowe dekompozycje obrazów w dwóch etapach wraz z różnymi zasadami fuzji, jak pokazano na rysunku 1. W tej kaskadowej strukturze oba obrazy są najpierw dekomponowane przez transformację fali podnoszącej (LWT)[7]-[10].Dekompozycja LWT zamienia obraz na cztery podzakresy częstotliwości zwane przybliżeniami(a), pionowymi(v), poziomymi(h) i przekątnymi(d) współczynników[9]-[10]. Pomimo przybliżenia wszystkie trzy współczynniki są bogate w szczegółowe informacje o zdjęciach. Składowe niskiej częstotliwości nazywane współczynnikami aproksymacji z obu obrazów są łączone zgodnie z regułą superpozycji ważonej, natomiast pionowe, poziome, przekątne współczynników obu obrazów są łączone zgodnie z transformacją KL[3],[11].

Przez odwrotny LWT dwa stopione obrazy są otrzymywane w domenie przestrzennej, posiadającej połączone cechy obu multimodalnych obrazów .Jeden stopiony obraz ma niską szczegółowość, podczas gdy drugi ma dobrą szczegółowość .Oba obrazy są ponownie oddzielnie rozkładane przez transformację NSCT[3].Współczynniki niskiej i wysokiej częstotliwości obu obrazów na drugim etapie rozkładu są stopione przez maksymalną regułę stopienia[4].Po użyciu odwrotnego NSCT otrzymaliśmy ostateczny stopiony obraz składający się z doskonałej informacji z obu modalności[3],[8]. Wydajność końcowego obrazu stopionego jest oceniana według wyższych wartości elementów tabeli metrycznej oceny, na którą składają się takie parametry oceny jak Entropia, Odchylenie standardowe, Współczynnik syntezy (FF), Stosunek sygnału szczytowego do szumu (PSNR)[1]-[10].Na rysunku 6.1. wyjaśniono proponowaną metodę syntezy.

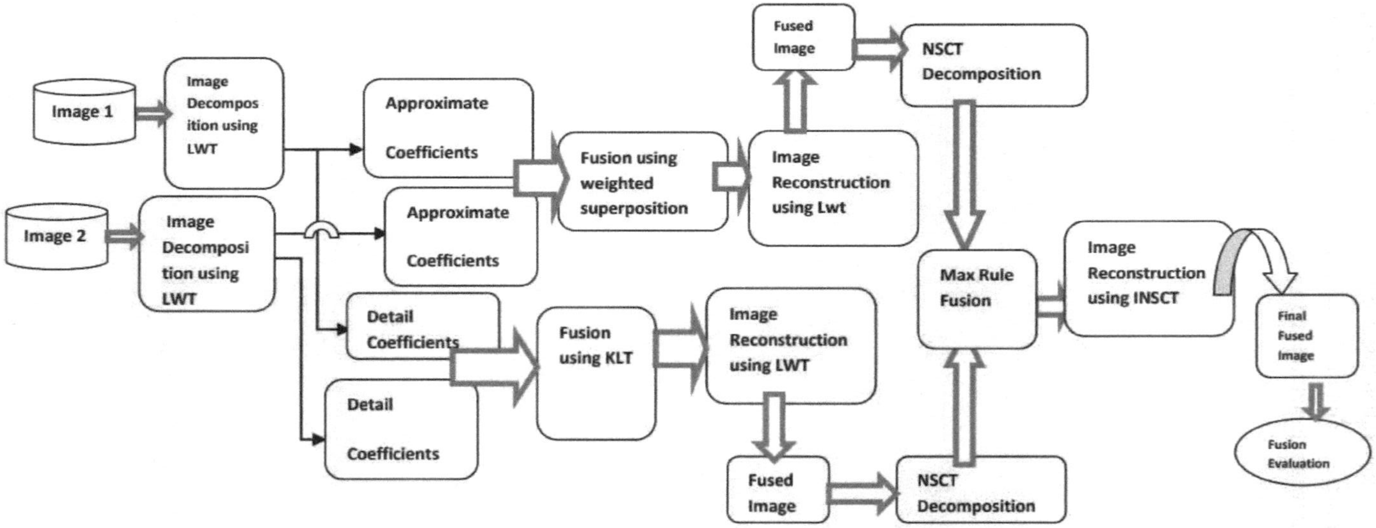

Rys. 6.1 Schemat blokowy proponowanej metody łączenia obrazów

A. *Dekompozycje obrazów w pierwszym etapie przy użyciu LWT*

Dzięki doskonałej właściwości wielorozdzielczości LWT jest tu wykorzystywane do dekompozycji obrazu[10],[13]. Jest to w zasadzie dyskretna transformacja falkowa (DWT), która może być postrzegana jako dekompozycja prognostyczno-błędna. Prognostykami" są współczynniki skalowania w danej skali (*j*) wykorzystywane do analizy danych w kolejnej wyższej rozdzielczości lub skali (*j-1*). Wygenerowane w ten sposób współczynniki fali są błędami predykcyjnymi[17] .LWT bierze pod uwagę fakt, że fala przekształca się w pewne kroki zwane Lifting[18]. LWT przetwarza obraz w iteracji trzech kroków zwanych leniwym, przewidywanym i uaktualnianym . W kroku transformacji Lazy wavelet obraz x[n] jest objaśniony w eq(6.1)

$x[n] \in R, (n) \in Z)$ (6.1)

podzielony na jego parzyste i nieparzyste składowe polifazowe

$xe[n]$ i $xo[n]$ (6.2)

odpowiednio

$xe[n]= x[2n]$ (6.3)

$xo[n] =x[2n+1]$ (6.4)

W kroku Predict dla LWT sąsiednie współczynniki parzyste jak w eq(2) są wykorzystywane do przewidywania nieparzystych współczynników polifazowych, a szczegółowe współczynniki falkowe (high pass) są generowane jako błąd w procesie przewidywania nieparzystych próbek z próbek parzystych jak w eq 3 do eq 5 .

$d= xo - P (xe)$ (6,5)

Teraz składniki nieparzyste mogą być obliczane jako

$xo = P (xe) + d$ (6.6)

W ostatnim kroku aktualizacji LWT zestaw parzysty jest aktualizowany tutaj za pomocą współczynników fali do obliczenia współczynników funkcji skalowania (low pass) jak w eq(6).Do szczegółowych współczynników uzyskanych w kroku przewidywania jak w podanym eq(7) stosowany jest operator *U* zwany operatorem aktualizacji.

$S = xe +U(d)$ (6.7)

Odtwarza on *xe* jak w eq (8).

xe = s- U(d) (6.8)

LWT jest szybką implementacją Wavelet Transform, ze względu na niemalże podobny charakter pracy na filtrach dolnoprzepustowych i górnoprzepustowych [10].Doskonała rekonstrukcja oryginalnego obrazu jest kolejną atrakcyjną właściwością[17]-[18]. Oszczędza on również wiele pamięci pomocniczej i ma tę zaletę, że posiada prostą właściwość odwrotnej transformacji[18]. Zmniejsza również złożoność obliczeniową o współczynnik dwa. Oddzielna transformacja falkowa jest realizowana na obrazie poprzez zastosowanie najpierw transformacji falkowej 1-D wzdłuż kolumn, a następnie wzdłuż wierszy obrazu. Zapewnia to 1-poziomowy rozkład falowy, który składa się z czterech składników oznaczonych odpowiednio jako LL, LH, HL i HH[6]-[7],[9]-[10].

B. Przepisy dotyczące syntezy jądrowej na pierwszym etapie

Współczynniki niskiej częstotliwości a_i nazywane współczynnikami aproksymacji uzyskane z rozkładu obu metod są łączone metodą superpozycji ważonej.Współczynniki wysokiej częstotliwości V_i, H_i, D_i nazywane współczynnikami szczegółowości otrzymanymi z rozkładu obu modalności są stopione przez transformatę KL.

C. Dekompozycje obrazów w drugim etapie (przy użyciu NSCT)

Zrekonstruowane obrazy w pierwszych etapach są ponownie rozkładane przez transformację konturową. Wykorzystywana jest tutaj specjalna klasa transformacji konturowej nazywana niepoddaną próbie transformacją konturową (NSCT). Będąc w zmiennym charakterze usuwa problem zmienności zmian w obrazach. Oba zrekonstruowane obrazy pierwszego etapu są podzielone na podzakresy na współczynniki niskiej i wysokiej częstotliwości.

D. Zasada fuzji w drugim etapie

Na tym drugim poziomie syntezy stosuje się po prostu maksymalną regułę syntezy, która służy do fuzji współczynników obrazu uzyskanych z dekompozycji obrazu w oparciu o transformację konturową, jak omówiono powyżej. W tym celu wybiera się współczynniki o maksymalnych wartościach z każdego multimodalnego zestawu obrazów, a następnie fused. w końcu odwrotna transformacja konturowa (INSCT) jest używana do rekonstrukcji ostatecznego fused obrazu.

6.2 Proponowany algorytm

Start

a : obliczyć współczynniki LWT (z dwóch różnych sposobów).

$$Przybliżenie(A_i)$$

$$Pionowo(V_i)$$

$$Horyzontalny(H_i)$$

$$Po\ przekątnej(D_i)$$

b: Obliczanie wektorów kolumn na podstawie współczynników LWT.

c: Obliczenia matrycy Covxx Covariance z tych wektorów.

d:uzyskać ukośne elementy wektora Kowariancji.

e :Obliczanie wartości własnych (Ω_1 i Ω_2) i wektorów własnych $£1$ i $£2$ macierzy kowariancji Covxx.

$$£1 = \begin{bmatrix} £_1(1) \\ £_1(2) \end{bmatrix} \quad i_{£2} = \begin{bmatrix} £_2(1) \\ £_2(2) \end{bmatrix}$$

f: Obliczyć średnią wektora Eigen i podzielić każdy element z tą średnią. Stwierdzimy, że wektor kolumny odpowiada dużej wartości Eigen.

g: Pomnożenie znormalizowanego wektora macierzystego przez każdy z terminów matrycy współczynnika fali podnoszącej.

h:Obliczanie nieskorygowanych elementów KLT1 i KLT2 dla wartości własnych o maksymalnych wartościach.

tzn. $\Omega max = max(\Omega_1, \Omega_2)$

$$Więc,\ KLT1 = \frac{£_{maks.}(1)}{\sum_i £_{maks.(i)}}, \quad KLT2 = \frac{£_{maks.}(2)}{\sum_i £_{maks.(i)}}$$

i: Obliczyć odwrotną wartość LWT dwóch skalowanych matryc, jak uzyskano w kroku g.

j:Obliczanie nieobjętych próbą współczynników kształtu .

k: Obliczyć maksymalną matrycę zgodnie z poniższą tabelą

$$n(x,y) = \{n_1(x,y), n_1(x,y) \geq n_1(x,y)$$

$$n(x,y) = \{n_2(x,y), n_2(x,y) > n_1(x,y)$$

l: Odwrócenie obliczeniowe NSCT matrycy $n(x,y)$ jak uzyskano w kroku k

m: Uzyskaj obraz stopiony jako wyjście

Przystanek

6.3. Wyniki i dyskusja

Dwa wstępnie zarejestrowane zestawy danych medycznych modalności obrazu ludzkiego mózgu są łączone za pomocą proponowanej metody (CLW-NSCT). Zestaw danych obrazu używany tutaj jest dostępny w atlasie całego mózgu Johnsona i Beckera[15]. Symulacja wyników odbywa się na komputerze z 8 GB pamięci RAM i prędkością procesora 2,27 GHZ .Jako główne oprogramowanie symulacyjne używany jest MATLAB(R2015a). Otrzymany obraz stopiony ze wszystkich zbiorów danych medycznych jest oceniany jakościowo i ilościowo zgodnie z wartościami wskaźników oceny wymienionych i wyjaśnionych w tabeli matryc jakości syntezy jądrowej, jak pokazano w tabeli 1 oraz na rysunkach 2 i 3. Cztery różne opisane tu wskaźniki oceny syntezy jądrowej to: odchylenie standardowe (SD), entropia (E), stosunek sygnału szczytowego do szumu (PSNR) oraz współczynnik syntezy jądrowej (FF)[3],[6]-[7],[9],[20]. Ilościowe porównanie proponowanej metody z kilkoma innymi metodami syntezy obrazów z pojedynczych faz dekompozycji, takimi jak DWT[6],[10],[25], DxCWT[4] SWT[3],[23],Przekształcenie krzywe (CVT)[2],Przekształcenie konturowe (CT)[24],[25],LWT[6]-[7],[9]-[10],[13],[17]-[18],[20],Niepobrane próbki przekształcenie konturowe (NSCT)[3],[24] i QWT[1] można analizować na podstawie rysunku 6.4 do rys. 6.7 i rys. 6.9 do 6.12 jak pokazano poniżej . Ponadto proponowana metoda porównywana jest również z dwuetapową metodą syntezy rozkładu z wykorzystaniem SWT -NSCT zaproponowaną przez bheteja i wsp. [3], jak pokazano w tabelach wyników i na rysunkach poniżej. Stwierdzono, że proponowana metoda jest nawet lepsza w wielu aspektach analizy ilościowej.

Tabela 6. 1. Parametry oceny stosowane w przypadku obrazów stopionych

S.NO	Parametr oceny	Definicja i znaczenie
1.	Odchylenie standardowe(SD)	$$\sigma = \sqrt{\frac{1}{N}\sum_{i=1}^{N}(x-\bar{x})^2}$$ $$\bar{x} = \frac{1}{N}\sum_{i=1}^{N} x_i$$ x_i=wektor danych ; *x*= wartość średnia High SD oznacza więcej szczegółów w obrazie.
2.	Entropia(*E*)	=- $\sum_{L=0}^{L-1} P_i \mathrm{Dziennik}_2 P_i$ *L*= liczba poziomów szarości $P_i = \frac{\text{Number of Pixels Di of each gray level i}}{\text{Number of Pixels D in the image}}$ Wysokie *E* oznacza większą ilość informacji w obrazie.
3	PSNR	$PSNR = 20\log_{10}\frac{\upsilon_{\max}\times B\times B}{\sum\sum(\varpi_1-\varpi_2)^2}$ $\upsilon_{\max}$= maksymalna energia pikseli $B\times B$ =rozmiar obrazu ϖ_1 =oryginalna wartość pikselowa obrazu ϖ_2 =Utworzona wartość piksela obrazu Jest to miara jakości obrazu.
4	Współczynnik syntezy jądrowej	FF= $_{MIAF}$ + MIBF MIAF , MIBF = wzajemna informacja pomiędzy każdym z obrazów źródłowych i obrazów stopionych.

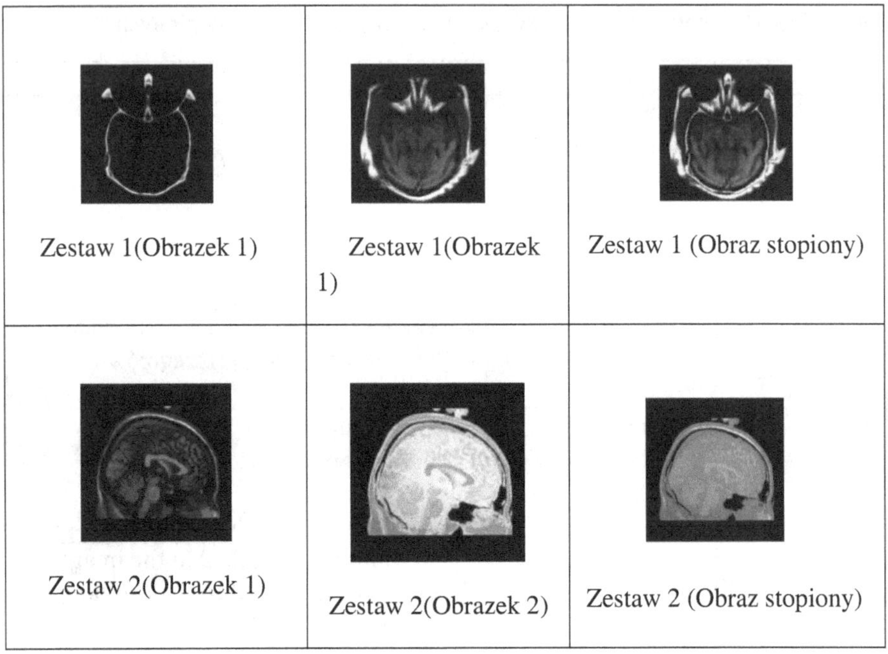

RYSUNEK 6.2 Dwa multimodalne zestawy danych obrazu medycznego z syntezą obrazów za pomocą proponowanej metody (LWT-NSCT)

Tabela 6.2. WSKAŹNIKI OCENY DLA ZESTAWU 3 OBRAZÓW STOPIONYCH

Indeksy / Metody	SD	Entropia	FF	PSNR
LWT-NSCT(Proponowane)	**74.3241**	**7.9632**	**3.8643**	**38.4331**
QWT	71.4312	3.7158	3.8423	38.7132
SWT-NSCT	74.1232	6.9414	4.2770	39.5643
LWT	34.0205	6.1921	1.0883	32.4213
DxCWT	32.9200	5.9915	1.8380	36.2758
NSCT	44.3594	4.7006	3.8106	35.7186
CT	70.5075	4.8169	3.0556	37.3535
CVT	33.1723	2.3561	2.8123	32.4332
SWT	32.1443	2.3785	1.4321	31.5324
DWT	31.6231	2.4492	1.1123	29.4312

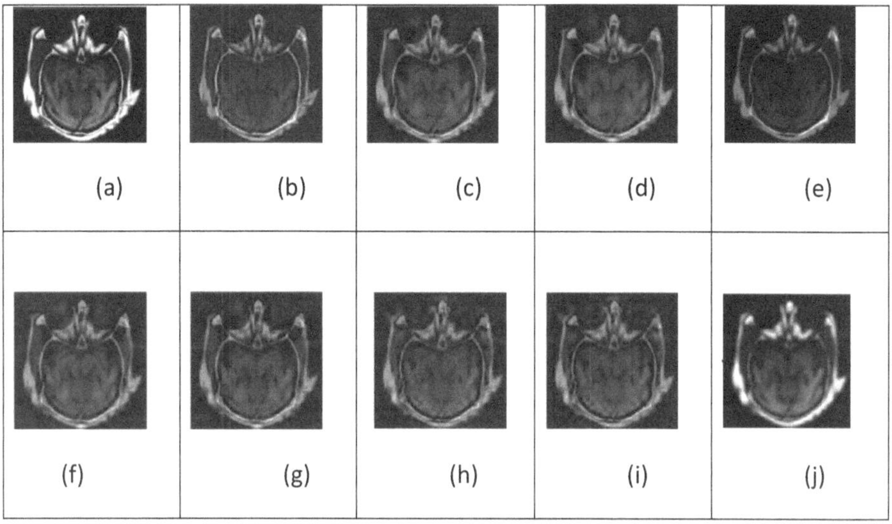

RYSUNEK 6.3. Porównanie różnych metod syntezy dla zestawu 1 obrazu stopionego a) Proponowana metoda(LWT-NSCT) b) QWT[1] c) SWT-NSCT[3] d) LWT[6,7] e) DxCWT[4] f) NSCT[3] g) CT[3] h)CVT[3] i)SWT[3] j)DWT[3,4]

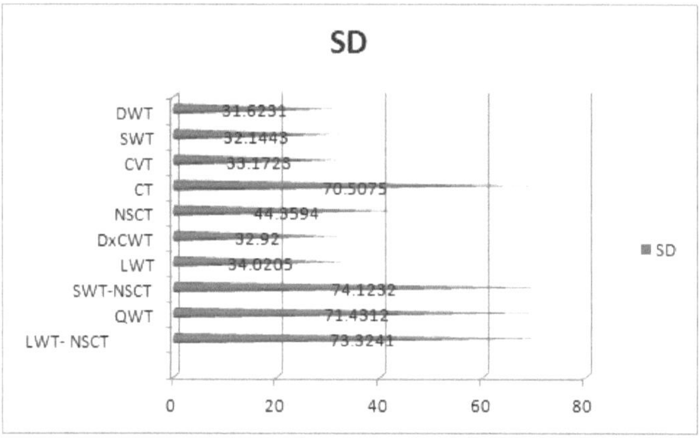

Rysunek 6. 4: Porównanie odchylenia standardowego (SD) obrazu stapianego (zestaw 1) z różnymi metodami stapiania

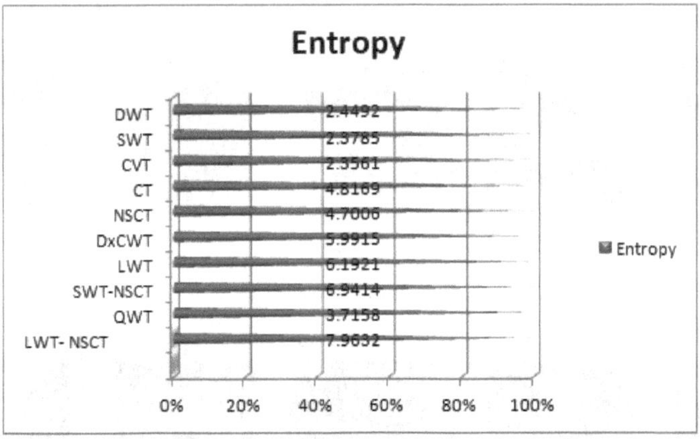

Rysunek 6.5: Porównanie entropii obrazu stapianego (zestaw 1) z różnymi metodami stapiania

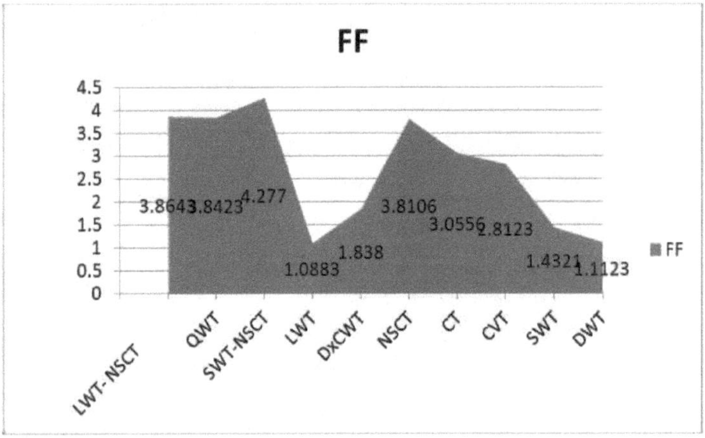

Rysunek 6.6. Górski wykres współczynnika syntezy jądrowej uzyskany dla obrazu stopionego (zestaw 1) przy zastosowaniu różnych metod syntezy.

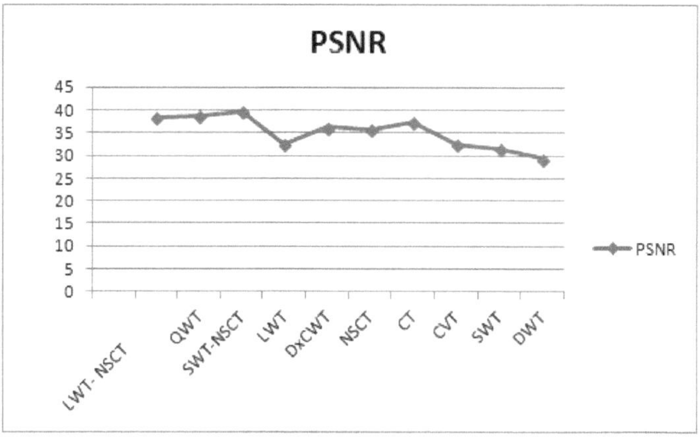

Rysunek 6.7: Graficzne przedstawienie PSNR dla obrazu stapianego (zestaw 1) przy użyciu różnych metod stapiania

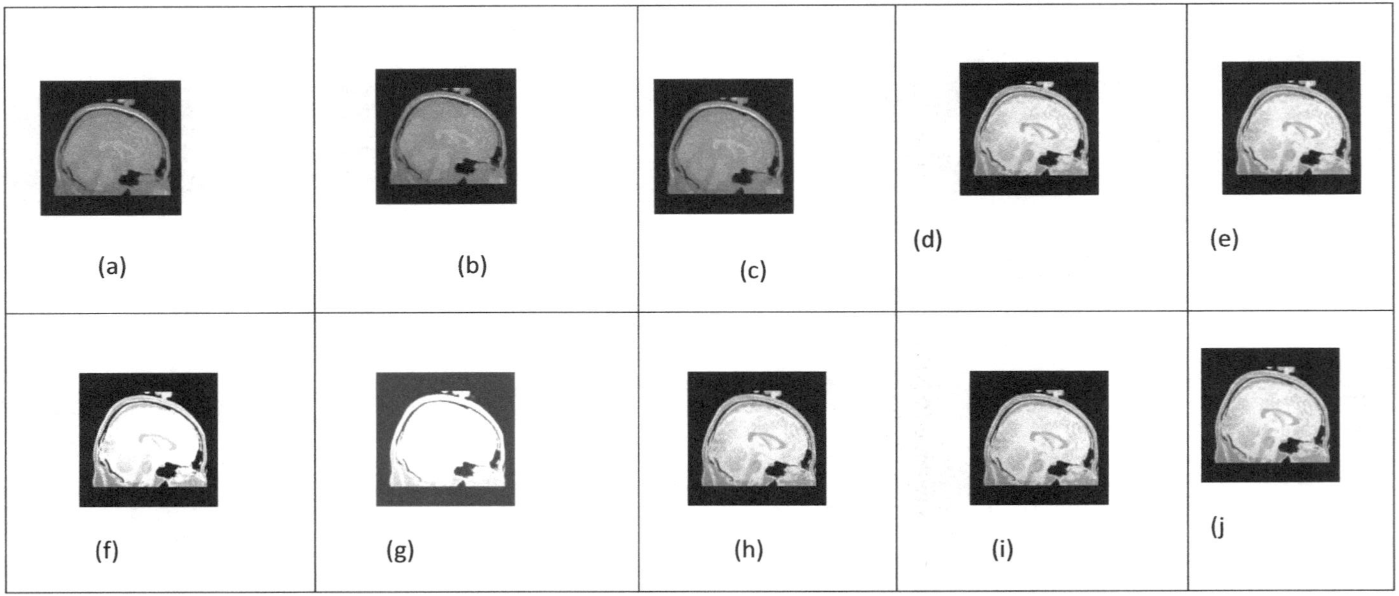

RYSUNEK. 6.8 Porównanie różnych metod syntezy dla zestawu 2 obrazów stopionych a) Proponowana metoda (LWT-NSCT) b) QWT[1] c) SWT-NSCT[3] d) LWT[6,7] e) DxCWT[4] f) NSCT[3] g) CT[3] h)CVT[3] i)SWT[3] j)DWT[3,4]

Tabela 6.3. Wskaźniki oceny dla zestawu 2 obrazów stopionych

Indeksy / Metody	SD	Entropia	FF	PSNR
LWT-NSCT(Proponowane)	**72.3241**	**7.6432**	**2.8643**	**31.4331**
QWT	61.4312	3.7158	1.8423	28.7132
SWT-NSCT	71.1232	6.9414	2.2770	29.5643
LWT	34.0205	6.1921	1.0883	22.4213
DxCWT	32.9200	5.9915	1.8380	26.2758
NSCT	44.3594	4.7006	1.8106	25.7186
CT	70.5075	4.8169	2.0556	27.3535
CVT	33.1723	2.3561	1.8123	22.4332
SWT	32.1443	2.3785	1.4321	21.5324
DWT	30.6231	2.4492	1.1123	19.4312

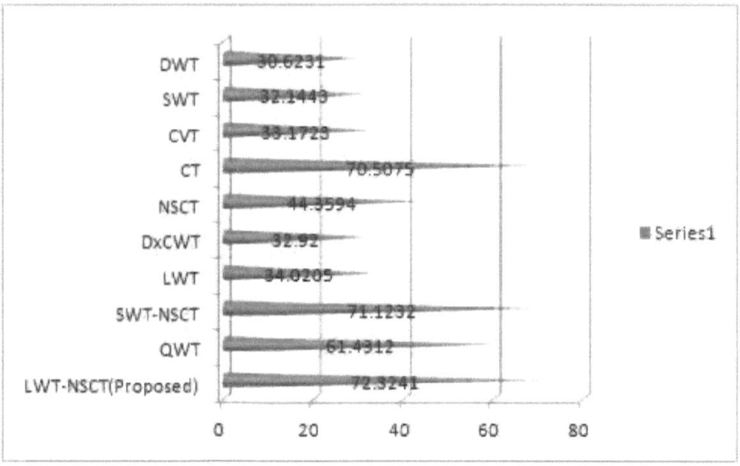

Rysunek 6.9. Porównanie odchylenia standardowego (SD) obrazu stapianego z różnymi metodami stapiania

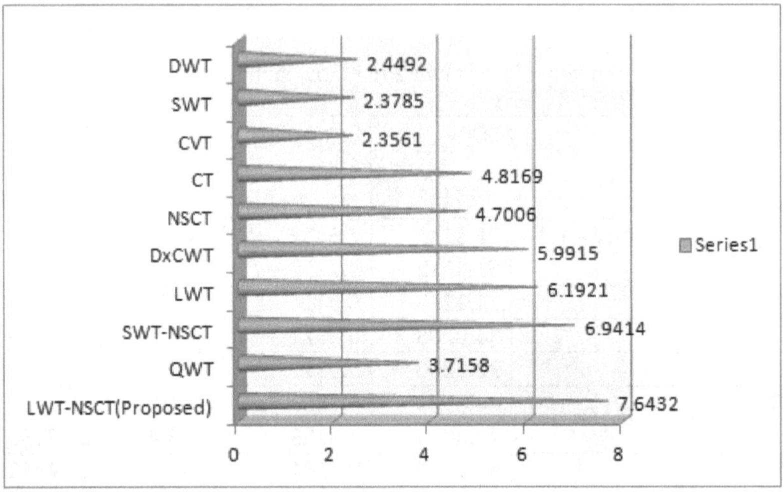

Rysunek 6.10 Porównanie entropii(E) obrazu stopionego z zestawu 2 przy użyciu różnych metod stapiania

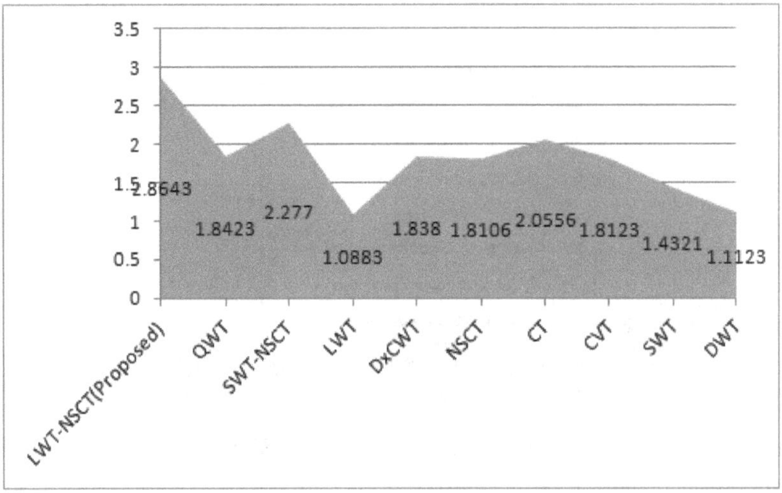

Rys. 6.11. Górny wykres współczynnika syntezy jądrowej uzyskany dla zestawu 2 obrazów stopionych różnymi metodami syntezy.

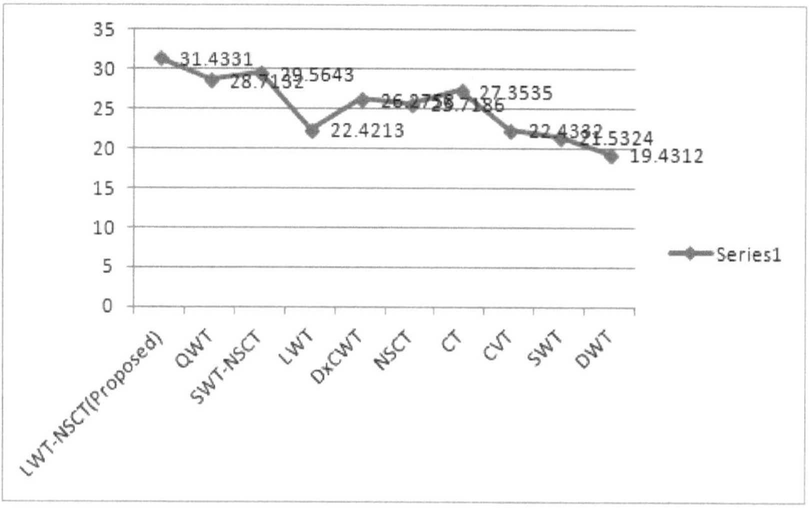

Rysunek 6.12: Graficzne przedstawienie PSNR dla zestawu 2 obrazów stopionych różnymi metodami fuzji

Wnioski i przyszły zakres

W artykule stwierdzono, że proponowany schemat syntezy obrazu jest lepszy niż inne współczesne metody przekształcania oparte na wielo- i wielorozdzielczym rozkładzie. Wyniki przedstawione w tabelach 6.2 i 6.3 dobrze na to wskazują.

Poprawione wartości parametrów oceny w przypadku proponowanej metody można uznać za zadowalające z większym zakresem poprawy poprzez wdrożenie odpowiedniej techniki optymalizacyjnej wraz z proponowanym schematem. Prostota implementacji, doskonała rekonstrukcja, zmniejszona złożoność obliczeniowa i szybki algorytm są atrakcyjnymi cechami proponowanego schematu dzięki współczynnikom ekstrahowanym na pierwszym poziomie rozkładu przez transformację fali podnoszącej Haara.

Referencje

1] Pengfei Chai, Xiaoqing Luo i Zhancheng Zhang, "Image Fusion Using Quaternion Wavelet Transform and Multiple Features", *IEEE Trans. Proces obrazowania.* Vol. 17, nie. 4, s. 500-511, 2017.

[2] Srivastava, R., Prakash, O., Khare, A.: "Local energy-based multimodal medical image fusion in curvelet domain", *IET Comput. Vis.* , 2016, 10, (6), s. 513-527 .

4] R. Singh i A. Khare, "Fusion of Multimodal Medical Images using Daubechies Complex Transform-A Multiresolution Approach", Information Fusion, 19, 49-60, 2012.

Starck, J.L., Candes, E.J., Donoho, D.L.: "The curvelet transform for image denoising", *IEEE Trans. Proces obrazowania.* , 2002,**11**,(6), str. 670-684.

Sudipta Majumdar i Jayant Bhardwaj ,"Feature Level Fusion of Multimodal Images Using Haar Lifting Wavelet Transform", International Journal of Computer, Information, Systems and Control Engineering", vol. 8, no. 6, 947-951, 2014.

Minh N. Do i Martin Vetterli, "The Contourlet Transform. Efficient Directional Multiresolution Image Representation", *IEEE Transactions on Image Processing*, VOL. 14, NIE. 12, GRUDZIEŃ 2005.

Jayant Bhardwaj, Abhijit Nayak i Kulvinder Singh, "Feature Level Fusion of Gray Dentistry Images using Haar Lifting Wavelet Transform", w *Imaging and Applied Optics 2017* , OSA Technical Digest (online) (Optical Society of America, 2017.

[10] W. Sweldens, "Schemat podnoszenia. A custom-design construction of biorthogonal wavelets," Applied and computational harmonic analysis, vol. 3, no. 2, pp. 186-200, 1996.

D. P. Bavirisetti i R. Dhuli, "Fusion of Infrared and Visible Sensor Images Based on Anisotropic Diffusion and Karhunen-Loeve Transform," w *IEEE Sensors Journal*, tom 16, nr 1, str. 203-209, styczeń 1, 2016.

[12] Ingrid Daubechies i Wim Swelden, "Factoring Wavelet Transfroms into Lifting Steps", J. Fourier Anal. Appl., tom 4, 1998, s. 247-269.

Shutao Li i Bin Yang.Hybrydowa wielorozdzielcza metoda multisensorycznej multimodalnej fuzji obrazów. *IEEE Sensors Journal*, 10(9):1519-1526, 2010.

Junli Liang, Yang He, Ding Liu, i Xianju Zeng. Fuzja obrazów z wykorzystaniem rozkładu wartości jednostkowych wyższego rzędu. *IEEE Transactions on Image Processing*, 21(5):2898-2909, 2012.

[15]K. A. Johnson i J. A. Becker, Atlas całego mózgu. Dostępny na stronie internetowej: http://www.med.harvard.edu/aanlib/home.html.

[16] W.Sweldens , The lifting scheme:construction of second generation wavelets [J]SIAM JMathAnal1997. 29(2) 511-546.

[17] Sweldens W 1995 r. Schemat podnoszenia: Nowa filozofia w konstrukcji bartogonalnych falowodów: Proc. SPIE-Int. Soc. Opt. Eng. 2569, 68-79.

[18]H. Li, B. S. Manjunath i S. K. Mitra. Fuzja obrazu wieloczujnikowego za pomocą transformaty falkowej. *Modele graficzne i przetwarzanie obrazu*,**57**: 235-245,1995.

Jayant Bhardwaj i Abhijit Nayak, "Lifting Wavelet Transform based Ultrasound Image Fusion scheme", w: *Imaging and Applied Optics 2018* , OSA Technical Digest (Optical Society of America), 2018.

[20] Timothy D. Dixon, Eduardo Fernández Canga, "Selection of image fusion quality measures:objective, subiektywive, and metric assessment", *J. Opt. Soc. Am. A*, Vol. 24, No. 12 grudnia 2007.

22] QIAN JIANG , XIN JIN , SHIN-JYE LEE, I SHAOWEN YAO, "Nowa wieloogniskowa metoda fuzji obrazów".

W oparciu o Transformację Fali Stacjonarnej i lokalne funkcje zestawów rozmytych "Ieee Access", PP VOLUME 5, 2017.

[23]A. L. Chunha i J. Zhau, "Niepoddana próbie transformacja konturowa": Theory, Design and Applications," IEEE Trans. na Img. Proc., 15(10), 3089-3101, październik 2006 r.

[24]S. Li, B. Yang i J. Hu, "Performance comparison of different multiresolution transformms for image fusion", *Inf. Fusion*, vol. 12, s. 74-84, kwiecień 2011 r.

MIX
Papier | Fördert gute Waldnutzung
FSC® C083411

Kolibri 360 GmbH
Ferdinand-Jühlke-Straße 7
99095 Erfurt, Deutschland
produktsicherheit@kolibri360.de

Druck:
CPI Druckdienstleistungen GmbH
im Auftrag der
Kolibri 360 GmbH
Ferdinand-Jühlke-Str. 7
99095 Erfurt